MARKUS HELLENTHAL

Frauen im Bundesgrenzschutz

Schriften zum Öffentlichen Recht

Band 537

Frauen im Bundesgrenzschutz

Folge der Gleichberechtigung oder Verstoß gegen
Art. 12a Abs. 4 Satz 2 GG?

Von

Dr. Markus Hellenthal

Duncker & Humblot · Berlin

CIP-Titelaufnahme der Deutschen Bibliothek

Hellenthal, Markus:
Frauen im Bundesgrenzschutz: Folge d. Gleichberechtigung oder Verstoß gegen Art. 12 a Abs. 4 Satz 2 GG? / Von Markus Hellenthal. – Berlin: Duncker u. Humblot, 1988
  (Schriften zum Öffentlichen Recht; Bd. 537)
  ISBN 3-428-06457-7
NE: GT

Alle Rechte vorbehalten
© 1988 Duncker & Humblot GmbH, Berlin 41
Satz: Klaus-Dieter Voigt, Berlin 61
Druck: Berliner Buchdruckerei Union GmbH, Berlin 61
Printed in Germany
ISBN 3-428-06457-7

Die politische Freiheit besteht in der Sicherheit.
(Montesquieu, L'esprit des Lois, Buch 12, Kap. 2)

Der Wille zur kollektiven Selbstbehauptung
ist die legitime Moral des Bürgers.

Vorwort

Eine der wichtigsten und vornehmsten Aufgaben unseres Staates ist die Bewahrung der inneren Sicherheit. Es geht dabei um die Freiheit der Menschen in diesem Land und um das Vertrauen, das diese Menschen zu unserem Gemeinwesen haben. Das Vertrauen und die Anerkennung der Bürger zu unserem Staate setzen voraus, daß dieser demokratische Rechtsstaat leistungsfähige Sicherheitsbehörden besitzt, die in der Lage sind, den Schutz der Menschen und den inneren Frieden zu gewährleisten. Der Staat, der nicht alles in seinen Kräften stehende tut, um seinen Bürgern ein sicheres und angstfreies Leben zu ermöglichen, verliert zusammen mit Vertrauen und Anerkennung auch seine Legitimation. Denn wer um sein Leben, seine Gesundheit, sein Eigentum fürchten muß, lebt nicht wirklich frei.

Einen wichtigen Anteil an der Sicherheitsdienstleistung unseres Staates erfüllt seit nunmehr 37 Jahren der Bundesgrenzschutz. Seit 1987 ist die anspruchsvolle Tätigkeit im Bundesgrenzschutz auch Frauen eröffnet, die damit neben ihren männlichen Kollegen einem verantwortungsschweren Auftrag in der Bundespolizei nachkommen.

Die vorliegende Schrift versucht, die im Zusammenhang mit der Einstellung von Frauen in den Bundesgrenzschutz aufgeworfenen Rechtsfragen darzustellen und einer Lösung zuzuführen. Entscheidend ist dabei, daß die Einstellung von Frauen in den Bundesgrenzschutz nichts mit der Frage zu tun hat, ob Frauen in der Bundeswehr Dienst mit oder ohne Waffe leisten dürfen. Denn der Bundesgrenzschutz gehört nicht zu den Streitkräften, sondern ist eine Polizei des Bundes. Er hat auch in einem bewaffneten Konflikt ausschließlich polizeiliche Aufgaben und keinen Kampfauftrag oder sonstige militärische Aufgaben. Daher ist nicht zu erkennen, warum Frauen nicht auch im Bundesgrenzschutz – wie in den Polizeien der Bundesländer z.T. schon seit vielen Jahren – mit ihren männlichen Kollegen zusammen einen verdienstvollen Beitrag zur Erfüllung der notwendigen Aufgaben des Bundesgrenzschutzes zu leisten vermögen.

Bonn, im Mai 1988   Der Verfasser

Inhalt

I. Einleitung   15

II. Die verfassungsrechtlichen Grundlagen   19

1. Unmittelbare Geltung der Grundrechte 19
2. Notwendigkeit eines verfassungsfesten Differenzierungsgrundes 22
3. BGS: „Dienst mit der Waffe" i. S. v. Art. 12 a Abs. 4 Satz 2 GG? 25
   3.1 Wortlaut und systematische Auslegung 25
   3.2 Historische Auslegung 26
      3.2.1 Parlamentarischer Rat 1948 - 1949 26
         a) Zu Art. 4 Abs. 3 Satz 1 GG 26
         b) Zu Art. 26 Abs. 2 Satz 1 GG 27
         c) Zwischenergebnis 28
      3.2.2 Erste Wahlperiode 1949 - 1953
             (Deutschlandvertrag, EVG) 29
      3.2.3 Zweite Wahlperiode 1953 - 1957
             („Wehrverfassung") 29
         a) Die parlamentarischen Beratungen 29
         b) Zwischenergebnis 42
      3.2.4 Vierte Wahlperiode 1961 - 1965
             („Notstandsverfassung") 43
         a) Die parlamentarischen Beratungen 44
         b) Zwischenergebnis 47
      3.2.5 Fünfte Wahlperiode 1965 - 1969
             („Notstandsverfassung") 48
      3.2.6 Zusammenfassung 51
   3.3 Der Streitkräftebegriff des Grundgesetzes 52
   3.4 BGS: Teil der Streitkräfte im Kriegsfall? 53
      3.4.1 Auswirkung des Kombattantenstatus 54
         a) Völkerrechtliche Vorgaben 54
         b) Zwischenergebnis 58

3.4.2 Auslegung von § 64 Bundesgrenzschutzgesetz 58
  a) Wortlaut und systematische Auslegung 59
  b) Historische Auslegung 60
  c) § 50 Abs. 3 Nr. 1 BGSG kein Argument für Kriegsdienst im BGS 68
  d) Art. 12a Abs. 2 Satz 3 GG kein Argument für Kriegsdienst im BGS 69

3.5 Zusammenfassung 70

4. Unerheblichkeit biologischer Unterschiede 74

4.1 Verfassungsrechtliche Anforderungen an eine biologisch-funktional begründete Differenzierung 75

4.2 Frauen nicht generell körperlich ungeeignet 77

4.3 „Natur der Zweckbestimmung" und „besondere Schutzbedürftigkeit" keine tragfähigen Argumente für eine Analogie zu Art. 12a Abs. 4 Satz 2 GG 78

III. Schlußbemerkung   81

Literaturverzeichnis   84

Abkürzungsverzeichnis

A.A.	=	anderer Ansicht
a.a.O.	=	am angegebenen Ort
Abg.	=	Abgeordneter
Abs.	=	Absatz
Abt.	=	Abteilung
AcP	=	Archiv für civilistische Praxis
a.E.	=	am Ende
a.F.	=	alter Fassung
Anm.	=	Anmerkung
AöR	=	Archiv für öffentliches Recht
AP	=	Arbeitsrechtliche Praxis
ArbG	=	Arbeitsgericht
arg.	=	argumentum (Argument)
Art.	=	Artikel
Aufl.	=	Auflage
BAG	=	Bundesarbeitsgericht
BB	=	Betriebsberater
BBG	=	Bundesbeamtengesetz
Bd.	=	Band
BGB	=	Bürgerliches Gesetzbuch
BGBl. I	=	Bundesgesetzblatt Teil I
BGBl. II	=	Bundesgesetzblatt Teil II
BGS	=	Bundesgrenzschutz
BGSG	=	Bundesgrenzschutzgesetz
BGS-LBV	=	Bundesgrenzschutz-Laufbahnverordnung
BK	=	Bonner Kommentar
BKanzler	=	Bundeskanzler
Bl.	=	Blatt
BMVg	=	Bundesminister der Verteidigung
BMVtg	=	Bundesminister der Verteidigung
BPBG	=	Bundespolizeibeamtengesetz
BT	=	Bundestag
BVerfG	=	Bundesverfassungsgericht
BVerfGE	=	Entscheidungen des Bundesverfassungsgerichts
BVerwG	=	Bundesverwaltungsgericht
BVerwGE	=	Entscheidungen des Bundesverwaltungsgerichts
bzw.	=	beziehungsweise
CDU	=	Christlich Demokratische Union
CSU	=	Christlich Soziale Union

d.	=	der, des
DB	=	Der Betrieb
DDR	=	Deutsche Demokratische Republik
Ders., ders.	=	Derselbe
d.h.	=	das heißt
Dig.	=	Digesten
Diss.	=	Dissertation
DÖV	=	Die öffentliche Verwaltung
DP	=	Deutsche Partei
Dr.	=	Doktor
Dr. h.c.	=	Doktor honoris causa (ehrenhalber)
DRK	=	Deutsches Rotes Kreuz
Drucksache I, II, III, usw.	=	Drucksache des 1., 2., 3. usw. Deutschen Bundestages
DVBl.	=	Deutsches Verwaltungsblatt
Einf.	=	Einführung
eventl.	=	eventuell
EVG	=	Europäische Verteidigungsgemeinschaft
f.	=	und die folgende Seite
F.D.P.	=	Freie Demokratische Partei
ff.	=	und die folgenden Seiten
FN	=	Fußnote
GG	=	Grundgesetz
ggfs.	=	gegebenenfalls
GMBl.	=	Gemeinsames Ministerialblatt
h.c.	=	honoris causa (ehrenhalber)
HLKO	=	Haager Landkriegs Ordnung
Hrsg.	=	Herausgeber
hrsg.	=	herausgegeben
i.e.	=	id est (das heißt)
i.S.d.	=	im Sinne des
i.S.v.	=	im Sinne von
i.V.m.	=	in Verbindung mit
JÖR	=	Jahrbuch des öffentlichen Rechts
Jr.	=	Junior
JuS	=	Juristische Schulung
JZ	=	Juristenzeitung
KPD	=	Kommunistische Partei Deutschlands
MinDirig	=	Ministerialdirigent
m.w.N.	=	mit weiteren Nachweisen
NATO	=	North Atlantic Treaty Organization
N.F.	=	Neue Folge
NJW	=	Neue Juristische Wochenschrift
Nr.	=	Nummer
NVwZ	=	Neue Zeitschrift für Verwaltungsrecht
NZA	=	Neue Zeitschrift für Arbeitsrecht
NZWehrR	=	Neue Zeitschrift für Wehrrecht

o. J.	=	ohne Jahr
OVG	=	Oberverwaltungsgericht
§	=	Paragraph
PDV	=	Polizeidienstvorschrift
RdA	=	Recht der Arbeit
resp.	=	respektive (beziehungsweise)
RGBl.	=	Reichsgesetzblatt
RiA	=	Recht im Amt
Rn	=	Randnummer
S.	=	Seite
s.	=	siehe
s. a.	=	siehe auch
SG	=	Soldatengesetz
s. o.	=	siehe oben
sog.	=	sogenannt
Sp.	=	Spalte
SPD	=	Sozialdemokratische Partei Deutschlands
TV	=	Territorialverteidigung
u. a.	=	und andere
u. a.	=	unter anderem
usw.	=	und so weiter
u. U.	=	unter Umständen
UZwG	=	Gesetz über den unmittelbaren Zwang bei der Ausübung öffentlicher Gewalt durch Vollzugsbeamte des Bundes
v.	=	von
Verf.	=	Verfasser
VerwR	=	Verwaltungsrundschau
V-Fall	=	Verteidigungsfall
VGH	=	Verwaltungsgerichtshof
vgl.	=	vergleiche
Vors.	=	Vorsitzender
VwVG	=	Verwaltungsvollstreckungsgesetz
WPflG	=	Wehrpflichtgesetz
z. B.	=	zum Beispiel
ZDG	=	Zivildienstgesetz
ZRP	=	Zeitschrift für Rechtspolitik

I. Einleitung

Zum 1. Oktober 1987 wurden erstmals Frauen in den Bundesgrenzschutz (BGS) eingestellt[1]. Dem waren uneingeschränkt positive Erfahrungen mit dem Einsatz von Frauen in den Landespolizeien vorausgegangen[2]. So versahen allein bis Ende 1987 fast 2000 Polizeibeamtinnen in den Bundesländern ihren Dienst in nahezu allen Bereichen der Polizei. Nach einem von der Innenministerkonferenz Anfang 1987 vorgelegten Erfahrungsbericht sollen Frauen zudem im Vergleich zu ihren männlichen Kollegen oft größeres Einfühlungsvermögen und Gesprächsgeschick, vor allem bei der Lösung sozialer Konflikte und im Umgang mit Kindern und Jugendlichen haben[3].

Im Zusammenhang mit der zukünftigen Verwendung dieser und evtl. noch weiterer einzustellender Frauen im BGS (Einsatz in den Verbänden auch nach Ende der Ausbildung und/oder im Grenzschutzeinzeldienst, Aufstieg vom mittleren zum gehobenen und u. U. sogar in den höheren Dienst)[4] können verfassungsrechtliche Maßgaben – möglicherweise mit unterschiedlichem Gewicht – im Hinblick auf das grundgesetzliche

---

[1] Vgl. Meldungen in der Frankfurter Allgemeinen Zeitung, Ausgaben vom 9. Juni 1987, S. 4, und vom 2. Oktober 1987, S. 2, 14; s. a. Antwort des Parlamentarischen Staatssekretärs *Spranger* vom 10. Dezember 1987, Bundestags-Drucksache 11/1558, S. 5.

[2] Vgl. den Bericht über die Hessischen Erfahrungen – dort werden seit dem 1. Oktober 1981 Frauen bei der Schutzpolizei verwendet – in: VerwR 1986, 436; s. a. die Ansprache des Bundesministers des Innern, *Dr. Friedrich Zimmermann*, anläßlich der Vereidigung von 120 Dienstanfängern beim BGS, davon 31 Frauen, am 3. November 1987, abgedruckt im Pressedienst des Bundesministers des Innern (Hrsg.) vom 3. November 1987, Umdruck S. 3.

[3] Vgl. Erklärungen des Bundesministers des Innern *Dr. Zimmermann* vom 4. Juni 1987 und des Parlamentarischen Staatssekretärs *Spranger* vom 17. August 1987, beide abgedruckt im Pressedienst des Bundesministers des Innern (Hrsg.) vom 4. Juni 1987 und vom 17. August 1987; s. a. Bericht zur Einstellung von Frauen in den Polizeidienst von Baden-Württemberg, Staatsanzeiger Baden-Württemberg, Ausgabe Nr. 70 vom 5. September 1987, S. 3.

[4] Vgl. Frage des Abgeordneten des Deutschen Bundestages *Hiller* (Lübeck), SPD, Bundestags-Drucksache 11/1558, S. 5, sowie die dazu erfolgte Antwort des Parlamentarischen Staatssekretärs *Spranger* vom 10. Dezember 1987, ebenda.

Gleichbehandlungs- bzw. berechtigungsgebot in Art. 3 GG, einschließlich seiner besonderen Ausprägungen in seinen Absätzen 2 und 3, sowie Art. 33 Abs. 2 GG (Eignung)[5] einerseits sowie das Verbot des Waffendienstes von Frauen in den Streitkräften, Art. 12a Abs. 4 Satz 2 GG, andererseits zu berücksichtigen sein.

Die letztgenannte Norm verlangt deswegen eine nähere Untersuchung, da § 64 Abs. 1 Satz 1 des Bundesgrenzschutzgesetzes[6] unter der amtlichen Überschrift „Kombattantenstatus" bestimmt: „Mit dem Beginn eines bewaffneten Konflikts sind die Grenzschutzkommandos, die Verbände und Einheiten des Bundesgrenzschutzes sowie die Grenzschutzschule Teil der bewaffneten Macht der Bundesrepublik Deutschland." Diese Vorschrift könnte zu der Ansicht führen, daß die in ihr genannten Teile des BGS (also ohne den Grenzschutzeinzeldienst[7], vgl. § 43 Abs. 1 i. V. m. § 45 Nr. 1 BGSG) im Verteidigungsfalle gegen kombattante Feindkräfte militärisch eingesetzt werden dürften und insoweit Kriegsdienst leisteten, mit der Folge, daß das Waffendienstverbot des Art. 12 a Abs. 4 Satz 2 GG zumindest im Verteidigungsfall möglicherweise dann auch für die in § 64 Abs. 1 Satz 1 BGSG genannten Teile des BGS Anwendung fände[8]. Dies wäre auch deswegen von einiger Relevanz, da die 1987

---

[5] Vgl. BVerfGE 7, 377, 398; 11, 30, 39; *Ferdinand Matthey*, Art. 33, in: Ingo von Münch (Hrsg.), Grundgesetz-Kommentar, Bd. 2, 2. Aufl. 1983, Rn 2; *Klaus Stern*, Das Staatsrecht der Bundesrepublik Deutschland, Bd. 1, 2. Aufl. 1984, S. 346 f.

[6] Vom 18. August 1972, BGBl. I S. 1834, zuletzt geändert durch § 16 des Strahlenschutzvorsorgegesetzes vom 19. Dezember 1986, BGBl. I S. 2610 – BGSG –.

[7] Dieser umfaßt die Grenzschutzdirektion mit den Grenzschutzämtern und den Grenzschutzstellen; gleiches gilt für die Grenzschutzverwaltung; vgl. *Alfred Einwag / Gerd-Dieter Schoen*, Bundesgrenzschutz, Kommentar, 2. Aufl. 1981, Stand 1988, § 64 Rn 9 f.; *Reinhard Riegel*, Bundespolizeirecht, 1985, zu §§ 42 - 45 BGSG, Anm. 1 b; *Gerhard Fischer*, § 64 BGSG, in: derselbe / Fredi Hitz / Bernd Walter, Bundesgrenzschutzgesetz – BGSG – Zwangsanwendung nach Bundesrecht – VwVG, UZwG –, 1987, Rn 9 ff.

[8] Diese Ansicht vertreten *Andreas Hamann / Andreas Hamann jr. / Helmut Lenz*, Das Grundgesetz für die Bundesrepublik Deutschland vom 23. Mai 1949 *(Hamann / Lenz)*, 3. Aufl. 1970, Art. 12a Anm. B 2, allerdings unter Hinweis noch auf den – insoweit tatsächlich mißverständlichen (vgl. Begründung zum Regierungsentwurf zu § 64 BGSG, Bundestag-Drucksache 6/2886, S. 46 f.) – § 2b des Bundesgrenzschutzgesetzes in der Fassung des Gesetzes vom 11. Juli 1965, BGBl. I S. 603; vgl. dazu auch Abschnitt XII der Dienstanweisung über Aufgaben und Befugnisse des Bundesgrenzschutzes vom 5. Juli 1962, GMBl. 1962, 271, in der Fassung der Bekanntmachung des Bundesministers des Innern vom 14. September 1965, GMBl. 1965, 339, 340:

I. Einleitung

bereits eingestellten Frauen im BGS – wie üblicherweise alle Dienstanfänger im BGS – während ihrer Ausbildung Dienst in den Verbänden leisten. Damit fallen diese Frauen bereits heute in den hier näher zu untersuchenden Anwendungsbereich von § 64 BGSG. Das hat zur Folge, daß der kriegsvölkerrechtliche Kombattantenstatus nach heutiger Sach- und Rechtslage auch im Hinblick auf die bereits in den Verbänden des BGS befindlichen Frauen gilt.

Die folgenden Ausführungen möchten aufzeigen, daß eine am Wortsinn orientierte historische und systematische Auslegung von Art. 12a Abs. 4 Satz 2 GG unter Berücksichtigung von Art. 3 Abs. 2, 3, Art. 33 Abs. 2 GG und der durch das BGSG bestimmten Rechtsstellung des BGS als Polizei des Bundes (§ 42 Abs. 2 Satz 2 BGSG) zu einem im hiesigen Zusammenhang eindeutigen Ergebnis führt. Danach gilt das in Art. 12a Abs. 4

„Angriffe gegen das Bundesgebiet mit militärischen Mitteln
Nach § 2b des BGS-Gesetzes gehört es mit dem Beginn eines bewaffneten Konflikts zu den Aufgaben der Verbände des BGS, mit militärischen Mitteln geführte Angriffe gegen das Bundesgebiet mit der Waffe abzuwehren. Mit dem gleichen Zeitpunkt haben die Angehörigen der Verbände des BGS den völkerrechtlichen Status von Kombattanten. Dadurch ist sichergestellt, daß sie ihre polizeilichen Aufgaben auch wahrnehmen können, wenn die Gefahr besteht, daß ihnen zugleich mit dem Störer Angehörige feindlicher Streitkräfte entgegentreten. Eine Verwendung der Angehörigen der Verbände des BGS für rein militärische Zwecke kommt nicht in Betracht.
Bei der Erfüllung dieser Aufgabe sind die Regeln des Kriegsvölkerrechts zu beachten."
Im Ergebnis ebenso *Einwag / Schoen* (FN 7), Rn 21a (möglicherweise im Widerspruch zu a.a.O., § 1 Rn 17); *Fischer* (FN 7), Rn 25 ff.; *Knut Ipsen / Jörn Ipsen*, Art. 12a, in: Kommentar zum Bonner Grundgesetz (Bonner Kommentar), Stand 1976, Rn 60; widersprüchlich *Rupert Scholz*, Art. 12a (Zweitbearbeitung), in: Theodor Maunz / Günter Dürig, u.a., Grundgesetz Kommentar (Maunz / Dürig), Stand 1984, Rn 207 einerseits (Kriegsdienst: ja), Rn 53 andererseits (auch im Verteidigungsfall ausschließlich Polizeitruppe mit nur polizeilichen Befugnissen); wie hier („ziviler Charakter des BGS im Gegensatz zu einer militärischen Behörde") *Detlef Merten*, Art. „Polizei, Polizeirecht", in: Roman Herzog, Hermann Kunst, Klaus Schlaich, Wilhelm Schneemelcher, Evangelisches Staatslexikon, 3. Aufl. 1987, Bd. II, Sp. 2602, 2606; *Riegel* (FN 7), ebenda; *Jürgen Troschke*, Art. „Bundesgrenzschutz", in: Görres-Gesellschaft (Hrsg.), Staatslexikon, 7. Aufl., Bd. 1, 1985, Sp. 909, 910; *Gerhard Wacke*, Art. „Polizei, Polizeirecht", in: Hermann Kunst / Roman Herzog / Wilhelm Schneemelcher (Hrsg.), Evangelisches Staatslexikon, 2. Aufl. 1975, Sp. 1894, 1897 f.; eher auf eine solche Interpretation der Aufgabenstellung des BGS dürften die Stellen bei *Einwag / Schoen* (FN 7), § 1 Rn 12, 17, § 3 Rn 4 ff., 11 ff., insb. Rn 15, § 10 Rn 23 (wenn auch mißverständlich), sowie § 42 Rn 7 schließen lassen.

Satz 2 GG verankerte Waffendienstverbot für Frauen ausschließlich in der Bundeswehr, nicht aber – auch nicht im Verteidigungsfall – in den in § 64 Abs. 1 Satz 1 BGSG genannten Teilen des BGS.

In einer abschließenden Bemerkung soll auf die nach Auffassung des Verfassers – bezogen auf den hier zu beurteilenden Lebenssachverhalt – wenig tragfähige Ausweichargumentation sog. funktional-biologischer Unterschiede zwischen Männern und Frauen, die angeblich gegen den Einsatz von Frauen im harten BGS-Dienst sprechen sollen, hingewiesen werden.

II. Die verfassungsrechtlichen Grundlagen

Die Frage der allgemeinen Verwendung von Frauen im BGS einschließlich deren Beförderung bis in den höheren Dienst und ihrer Betrauung mit Führungsfunktionen ist im Verhältnis zu ihren männlichen Mitbewerbern und Kollegen nach Maßgabe von Art. 3 GG, insbesondere nach den Absätzen 2 und 3, sowie nach Art. 33 Abs. 2 GG zu beurteilen. Diese Grundsätze gelten selbstverständlich auch für den hier betreffenden Polizeivollzugsdienst im BGS, was § 3 der Bundesgrenzschutz-Laufbahnverordnung unter der Überschrift „Leistungsgrundsatz" lediglich deklatorisch klarstellt. Dort heißt es: „Dem Polizeivollzugsbeamten stehen nach seiner Eignung, Befähigung und fachlichen Leistung alle Ämter des Polizeivollzugsdienstes (...) offen."[9]

1. Unmittelbare Geltung der Grundrechte

Nach Art. 1 Abs. 3 GG binden die im Grundgesetz garantierten Grundrechte Gesetzgebung, vollziehende Gewalt und Rechtsprechung als unmittelbar geltendes Recht. Dies gilt einschließlich der in Art. 3 Abs. 2 und 3 GG genannten Differenzierungsverbote und der in Art. 33 Abs. 2

---

[9] In der Fassung vom 3. Juni 1976, BGBl. I S. 1357, geändert durch § 92 des Beamtenversorgungsgesetzes vom 24. August 1976, BGBl. I S. 2485; daß Art. 33 Abs. 2 GG auch für die „innere Ordnung des Berufsbeamtentums" und mithin nicht nur für die erstmalige Übertragung eines öffentlichen Amtes „gleichen Zugang" gewährleistet, sondern auch für jede weitere Verwendung einschließlich des Aufstiegs gilt, dürfte weitgehend unbestritten sein; vgl. BVerfGE 7, 377, 398; 11, 30, 39; 39, 334, 354; BVerwGE 28, 155, 160f.; 68, 109, 110 ff; VGH Kassel, Beschluß vom 27. März 1986 – 1 TG 678/86 –, NVwZ 1986, 766, 767; *Theodor Maunz*, Art. 33, in: Maunz / Dürig (FN 8), Stand 1966, Rn 18; *Stern* (FN 5), S. 345 f. m.w.N. in Fußnoten 69, 70; *Eberhard Schmidt-Aßmann*, Leistungsgrundsatz des Art. 33 II GG und soziale Gesichtspunkte bei der Regelung des Zugangs zum Beamtenverhältnis, NJW 1980, 16, 17; *Hans Joachim Becker*, Aus der neueren beamtenrechtlichen Rechtsprechung des Bundesverwaltungsgerichts, RiA 1983, 221, 225 f.; *Hans Lecheler*, Die neuere Rechtsprechung zum Recht des öffentlichen Dienstes, JZ 1984, 76, 78 mit Fußnote 44; zur vergleichbaren Problematik im Angestelltenbereich des öffentlichen Dienstes vgl. BAG, Urteil vom 5. August 1982 – 2 AZR 1136/79 –, NJW 1983, 779 f.

GG bestimmten allein maßgeblichen Entscheidungskriterien für den Zugang zum und den Aufstieg bzw. die Verwendung im öffentlichen Dienst[10]. Danach bedarf die Bevorzugung von Männern und die gleichzeitige[11] Benachteiligung von Frauen (et vice versa) einer verfassungsfesten Legitimation, um gegenüber den zuvor genannten Grundgesetznormen Bestand zu haben.

Diese Regelungen schränken die nach Art. 3 Abs. 1 GG bestehende relativ weite Gestaltungsfreiheit des Gesetzgebers[12] dergestalt ein, daß Sachverhalte, die in den wesentlichen Elementen für Männer und Frauen gleich sind[13], nicht allein wegen des Geschlechtsunterschiedes anders behandelt werden dürfen[14]. Das Geschlecht darf keinen beachtlichen Grund für eine Differenzierung abgeben[15].

Sollen Männer und Frauen hingegen unterschiedlich behandelt werden, so müssen den zu vergleichenden Tatbeständen essentielle Elemente

---

[10] Zu dieser Unterscheidung zwischen Art. 3 Abs. 2, 3 GG und Art. 33 Abs. 2 GG vgl. BVerwGE 47, 330, 353 f.; *Günter Dürig,* Art. Gleichheit (II. Gleichheit als rechtliches Problem), in: Görres-Gesellschaft (Hrsg.), Staatslexikon, 7. Aufl., Bd. 2, 1986, Sp. 1068, 1072; *Schmidt-Aßmann* (FN 9), S. 17; *Christian Starck,* Art. 3 Abs. 2, in: Hermann v. Mangoldt / Friedrich Klein / Christian Starck, Das Bonner Grundgesetz (v. Mangoldt / Klein), Bd. 1, 3. Aufl. 1985, Rn 246.

[11] Vgl. dazu insbesondere *Peter Hanau,* Die umgekehrte Geschlechtsdiskriminierung im Arbeitsleben, in: derselbe / Gerhard Müller / Herbert Wiedemann / Otfried Wlotzke (Hrsg.), Festschrift für Wilhelm Herschel zum 85. Geburtstag, 1982, S. 191 ff.

[12] Vgl. BVerfGE 3, 225, 240; 17, 319, 330; 32, 157, 167 f.; 37, 217, 259; 76, 256, 330.

[13] BVerfGE 6, 389, 422 f.

[14] BVerfGE 48, 346, 365 f.

[15] BVerfGE 10, 59, 73 f.; 15, 337, 343; 37, 217, 259 f.; 63, 181, 194; 68, 348, 390; 74, 163, 179; dies dürfte auch der völkerrechtlichen Staatenverpflichtung der Bundesrepublik Deutschland aus Art. III des Übereinkommens von New York vom 31. März 1953 über die politischen Rechte der Frau (BGBl. 1969 II S. 1929, 1970 II S. 46) entsprechen. Der hierzu erklärte Vorbehalt bezieht sich auf die Einschränkung hinsichtlich „Dienstleistungen im Verband der Streitkräfte" (BGBl. 1972 II S. 17). Selbst wenn hier ein über den grundgesetzlich bestimmten Begriff hinausgehender Streitkräftebegriff gemeint sein sollte, so wäre die Bundesrepublik Deutschland völkerrechtlich nicht gehindert, weitergehende Gleichberechtigung zu gewähren, da das Völkerrecht selbst für die Streitkräfte keine Unterschiede zwischen Männern und Frauen macht; vgl. auch Art. 25 (c) i. V. m. Art. 2, 26 des Internationalen Paktes über bürgerliche und politische Rechte vom 19. Dezember 1966 (BGBl. 1973 II S. 1533) sowie die Denkschrift zum Pakt (Bundesrats-Drucksache 304/73, S. 38 und 63).

gemeinsam sein, die verglichen werden können[16]. Diese Voraussetzung für die Anwendung des Art. 3 Abs. 2 und 3 GG fehlt nicht nur, wenn gemeinsame Elemente überhaupt nicht vorhanden sind – wie z.B. im Falle von Mutterschutzregelungen zu Gunsten von schwangeren Frauen bzw. Müttern[17] –. Sie sind auch dann nicht gegeben, wenn objektive biologische und funktionale (arbeitsteilige) Unterschiede nach der Natur der jeweiligen Lebensbereiche zwischen Männer und Frauen den im konkreten Fall zu beurteilenden Lebenssachverhalt so entscheidend prägen, daß etwa vergleichbare Elemente daneben vollkommen zurücktreten[18]. In Fällen dieser Art sind deshalb Differenzierungen möglich und zulässig[19], u. U. sogar geboten[20]. Darüber hinaus kann eine geschlechtsspezifische Differenzierung jedoch nur in Betracht kommen, wenn und soweit sie im Verhältnis zu Art. 3 Abs. 2, 3 GG und Art. 33 Abs. 2 GG durch gleichrangige Verfassungsrechtssätze gerechtfertigt ist, wie dies z.B. für Art. 12 a Abs. 1 GG im Hinblick auf die nur für Männer geltende Wehrpflicht anzunehmen ist[21].

---

[16] BVerfGE 6, 389, 422f.; vgl. auch BVerfGE 75, 108, 157; 76, 256, 329.

[17] BVerfGE 6, 389, 423: „Die Unanwendbarkeit des Art. 3 Abs. 2 GG – und dasselbe gilt für Abs. 2 dieses Artikels – (...) ist evident, wenn der zu ordnende Lebenstatbestand überhaupt nur in einem Geschlecht verwirklicht werden kann. (...). Deshalb spielt die Gleichberechtigung keine Rolle im gesamten Gebiet des Mutterschutzes."; vgl. auch *Starck* (FN 10), Rn 242ff.

[18] BVerfGE 3, 225, 242; 5, 9, 12; 10, 59, 74; 15, 337, 343; 21, 329, 343f.; 31, 1, 4f.; 37, 217, 249f.; 43, 213, 225; 52, 369, 374; 57, 335, 342f.; 63, 181, 194; 68, 348, 390; 74, 163, 179.

[19] BVerfGE 52, 369, 374; eine unzulässige Differenzierung, weil nicht durch biologische Unterschiede begründbar, sieht *Starck* (FN 10), Rn 248, im generell niedrigeren Pensionsalter von Frauen; im Gegensatz dazu erkennt das BVerfG darin neuerdings einen zulässigerweise „sozialstaatlich motivierten typisierenden Ausgleich von Nachteilen, die ihrerseits auch auf biologische Nachteile zurückgehen" sollen, BVerfGE 74, 163, 180; dogmatisch schwierig ist diese Entscheidung nicht zuletzt wegen des in der Begründung (notwendig) enthaltenen Paradigmenwechsels vom Differenzierungsverbot zum Gestaltungsfreiraum des sozialstaatsorientierten Gesetzgebers nicht nur in Art. 3 Abs. 1 GG, sondern nunmehr auch in Art. 3 Abs. 2 GG, ebenda, 179, 181; vgl. auch die Nachweise in Fußnote 10 sowie *Jochen Hofmann*, Das Gleichberechtigungsgebot des Art. 3 II GG, JuS 1988, 249, 250ff.; *Günter Schaub*, Arbeitsrecht – Handbuch, 6. Aufl. 1987, §§ 164f.

[20] BVerfGE 11, 277, 281, 74, 163, 179.

[21] Wie hier *Starck* (FN 10), Rn 224, der zu Recht darauf hinweist, daß es ebenso belanglos wie zu verneinen sei, ob diese Differenzierung auf biologische Unterschiede gestützt werden könne, da die Verfassung auch ohne solche Gründe Ausnahmen von Art. 3 Abs. 2 GG machen kann; *Scholz* (FN 8), Rn 203, hingegen

2. Notwendigkeit eines verfassungsfesten Differenzierungsgrundes

Bezogen auf den hier zu beurteilenden Lebenssachverhalt könnte Art. 12a Abs. 4 Satz 2 GG eine solche von der Verfassung selbst vorgenommene Differenzierung enthalten, indem zwar Männer, nicht aber Frauen zu einem „Dienst an der Waffe" innerhalb der Streitkräfte herangezogen, die Letzteren nach wohl herrschender Ansicht[22] hingegen auch nicht freiwillig zugelassen werden dürfen[23].

---

meint, diese „gleichheitsrechtliche Sonderregelung" durch angeblich „gegebene geschlechtsspezifische Unterschiede von Mann und Frau" rechtfertigen zu müssen, weshalb nicht von einer „verfassungswidrigen Verfassungsnorm" gesprochen werden könne. Ganz abgesehen davon, daß *Scholz* eine Erläuterung der behaupteten Unterschiede – soweit sie überhaupt maßgeblich sein können – schuldig bleibt, scheint die Heranziehung der begrifflich zwar nicht ausgeschlossenen, praktisch hingegen wohl unmöglichen Konstruktion von verfassungswidrigem Verfassungsrecht (vgl. BVerfGE 1, 14, 32; 3, 225, 231 ff., 247 f.; 4, 294, 296; 53, 30, 56; 53, 135, 145) hier deswegen überzogen zu sein, weil *Scholz* ohne die angeblichen Unterschiede konsequenterweise zu einem anderen, dann aber wohl der Verfassung widersprechenden Ergebnis kommen müßte. Dies ist kaum anzunehmen.

Ähnlich dürfte auch die Frage der Antragsberechtigung auf Kriegsdienstverweigerung gem. Art. 4 Abs. 3 Satz 1 GG von denjenigen zu beurteilen sein, bei denen die Heranziehung zum Kriegsdienst ausgeschlossen ist, wie z. B. bei Frauen, vgl. BVerwGE 72, 241, 246, freiwillig dienenden Sanitätsoffizieren, vgl. BVerwGE 72, 241, 245, Helfern beim Katastrophenschutzdienst, vgl. BVerwG, Urteil vom 12. Juni 1985 – 6 C 79/83 –, NVwZ 1986, 748 ff., sowie solchen Wehrpflichtigen, die wegen Erreichens der Altersgrenzen keinen Dienst mehr zu leisten haben, vgl. BVerwG, Urteil vom 25. Oktober 1985 – 6 C 67/84 –, NVwZ 1986, 750 ff.; vgl. zu dieser Rechtsprechung *Bernd Brunn / Roland Fritz,* Kriegsdienstverweigerung und/oder Sanitätsdienst – Wird das Grundrecht aus Art. 4 III GG ausgehöhlt?, NVwZ 1986, 722 mit weiteren Beispielsfällen S. 725.

[22] Vgl. *Hamann / Lenz* (FN 8), Anm. B 7; *Manfred Gubelt,* Art. 12a, in: Ingo von Münch (Hrsg.), Grundgesetz-Kommentar, Bd. 1, 3. Aufl. 1985, Rn 19; *K. Ipsen / J. Ipsen* (FN 8), Rn 294 ff.; *Klaus Stern,* Das Staatsrecht der Bundesrepublik Deutschland, Bd. II, 1980, S. 1357; *Scholz* (FN 8), Rn 198 f.; *Götz Frank,* Art. „Schutz des Völkerfriedens / Äußerer Notstand", in: (sog. Alternativ-)Kommentar zum Grundgesetz für die Bundesrepublik Deutschland, Bd. 2, 1984, Teil F, Rn 117; a. A. *Hans-Joachim Berg,* Zum grundgesetzlichen Verbot eines uneingeschränkten Dienstes von Frauen in den Streitkräften. Überlegungen zur Diskussion um den Art. 12a Abs. 4 Satz 2 GG, NZWehrR 1979, 81, mit einer wenig überzeugenden, weil allein historischen (und durchaus angreifbaren; s. u.) Interpretation von Art. 12a Abs. 4 Satz 2 GG, die dem im Wortlaut erkennbaren objektivierten Willen des Verfassunggebers nicht den gebührenden Vorrang einräumt.

[23] Vgl. zu dieser jüngst entfachten Diskussion *Christian Grimm,* Freiwilliger Waffendienst für Frauen?, ZRP 1987, 394; *H. Günter Edelmann,* Freiwilliger Waffendienst für Frauen?, ZRP 1988, 144; Beschluß des 38. ord. Bundesparteitages der F.D.P. in Kiel vom 5./6. September 1987 „Frauen in der Bundeswehr" mit dem im

2. Notwendigkeit eines verfassungsfesten Differenzierungsgrundes

Ob Art. 12a Abs. 4 Satz 2 GG auch auf die in § 64 Abs. 1 Satz 1 BGSG genannten Teile des BGS Anwendung findet mit der Folge, daß auch dort ein Dienst mit der Waffe für Frauen verboten wäre, hängt davon ab, ob und inwieweit in diesen Teilen des BGS „Dienst mit der Waffe" im Sinne von Art. 12a Abs. 4 Satz 2 GG verrichtet wird[24]. Maßgeblich für die Beurteilung ist daher zunächst die Vorfrage, ob von einem bestimmten Zeitpunkt an dem BGS zu seinen in Friedenszeiten unstreitig ausschließlich polizeilichen Funktionen[25] im Verteidigungsfall auch solche der militäri-

---

Anhang des auch als Broschüre hrsg. Beschlusses (ebenda, S. 7f.) abgedruckten Gutachtens von *Ingo von Münch* zur Verfassungsmäßigkeit des Dienstes von Frauen in der Bundeswehr; Antwort der Bundesregierung auf die Kleine Anfrage der Abgeordneten des Deutschen Bundestages *Frau Kelly* (Die Grünen) und der Fraktion Die Grünen – Drucksache 11/1980 –, Bundestags-Drucksache 11/2088; vgl. auch die Antworten des Parlamentarischen Staatssekretärs *Würzbach* auf die Fragen der Abgeordneten des Deutschen Bundestages *Dr. Weng* (Gerlingen) (F.D.P.) und *Frau Traupe* (SPD) in der 58. Sitzung des 11. Deutschen Bundestages am 4. Februar 1988 (Stenographischer Bericht, S. 4021), sowie *Frau Beer* (GRÜNE) und *Frau Nickels* (GRÜNE) in der 66. Sitzung des Deutschen Bundestages am 9. März 1988 (Stenographischer Bericht, S. 4522 f.); vgl. ferner die Antworten des Parlamentarischen Staatssekretärs *Pfeifer* auf die Fragen der Abgeordneten des Deutschen Bundestages *Frau Dr. Dobberthien* (SPD) (Bundestags-Drucksache 11/1899 Frage 17) in der 64. Sitzung des 11. Deutschen Bundestages am 3. März 1988 (Anlage 3 zum Stenographischen Bericht, S. 4463 f.) und *Frau Nickels* (GRÜNE) in der 66. Sitzung des Deutschen Bundestages am 9. März 1988 (Stenographischer Bericht, S. 4522 ff.); zur Berichterstattung in der Presse vgl. Der Spiegel, Ausgabe vom 7. Mai 1984, S. 70 ff.; Stuttgarter-Zeitung, Ausgabe vom 11. Februar 1986; Stuttgarter Nachrichten, Ausgabe vom 12. Februar 1986; Süddeutsche Zeitung, Ausgaben vom 12. Februar 1986; Frankfurter Allgemeine Zeitung, Ausgaben vom 12. Februar 1986, 7. August 1987, 7., 9., 21., 22. September 1987, 9. November 1987; Kölner Stadt-Anzeiger, Ausgaben vom 18. März 1986, 3. Juli 1987, 8. September 1987, 12. November 1987, 27. November 1987, 9. Dezember 1987; Christ und Welt – Rheinischer Merkur, Ausgabe vom 15. Februar 1986; Bonner Rundschau, Ausgabe vom 7. November 1986; Frankfurter Rundschau, Ausgabe vom 26. November 1986; Die Welt, Ausgaben vom 7. und 8. September 1987; Staatszeitung für Rheinland-Pfalz, Ausgabe vom 14. September 1987; Abendzeitung, Ausgabe vom 8. Januar 1988, Mannheimer Morgen, Ausgabe vom 8. Januar 1988; zum personalwirtschaftlichen Aspekt vgl. *Hartmut Meyer-Truelsen*, Auswirkungen des Geburtenrückgangs auf die Sicherstellung des personellen Kräftebedarfs unserer Streitkräfte unter besonderer Berücksichtigung der Verhältnisse in Nordrhein-Westfalen, in: Bundeswehrverwaltung 1986, S. 260; s. im übrigen die von den Wissenschaftlichen Diensten des Deutschen Bundestages hrsg. Auswahlbibliographie (1978 - 1988) zum Thema Frauen in den Streitkräften, Stand Februar 1988.

[24] Zur Fragestellung vgl. *Scholz* (FN 8), Rn 207.
[25] *Einwag / Schoen* (FN 7), § 42 Rn 6 ff.

schen Landesverteidigung zuwachsen mit der Folge, daß er entgegen der sonstigen Differenzierung zwischen BGS und Streitkraft innerhalb des Grundgesetzes[26] dann neben der Bundeswehr möglicherweise ebenfalls zu einem Teil der Streitkräfte der Bundesrepublik Deutschland wird. Dies wäre – wie bei der Bundeswehr – auch für die Ausbildungssituation in Friedenszeiten, soweit diese über den Zweck des bloßen Selbstschutzes hinausgeht, zu berücksichtigen.[27] Unter dieser Prämisse wäre dann bereits der Dienst von Frauen in den Verbänden des BGS während und zum Zwecke allein ihrer Ausbildung verfassungsrechtlich selbst dann problematisch, wenn ihre spätere Verwendung außerhalb der Verbände, z.B. ausschließlich im Grenzschutzeinzeldienst, feststünde. Denn zumindest während ihrer Ausbildung sind die betreffenden Frauen potentielle Kombattanten i.S.v. § 64 BGSG, allerdings ohne dadurch zu Soldaten der Bundeswehr zu werden.

Sodann wäre zu klären, ob gleichwohl das in Art. 12a Abs. 4 Satz 2 GG verankerte Verbot für Frauen, Dienst mit der Waffe zu leisten, nicht nur in der Bundeswehr, sondern darüber hinaus auch im BGS gilt. Dies betrifft den sachlichen Anwendungsbereich der genannten Grundgesetznorm, die ganz unstreitig jedenfalls nicht alle Fälle eines Dienstes im Zusammenhang mit einer Waffe, wie er zum Beispiel bei den Schutz- und Kriminalpolizeien des Bundes[28] und der Länder versehen wird, umfaßt.

---

[26] Das Grundgesetz unterscheidet durchgehend die zur Verteidigung berufenen Streitkräfte einerseits und den BGS als Polizeikraft des Bundes andererseits, vgl. Art. 12a Abs. 1, Art. 87 Abs. 1 Satz 2, Art. 87a Abs. 1 Satz 1, Art. 87a Abs. 4 Satz 1, Art. 91, Art. 115f Abs. 1 Nr. 1 GG; zur Gleichsetzung von „Streitkraft" i.S.v. Art. 12a GG und „Bundeswehr" i.S.v. Art. 87a Abs. 1 Satz 1 GG vgl. im Hinblick auf die Abgrenzung zum BGS *Merten* (FN 8), Sp. 2602.

[27] Vgl. dazu BVerfGE 12, 45, 56, sowie *Scholz* (FN 8), Rn 201; *Roman Herzog*, Art. 4; in: Maunz / Dürig, Stand 1971, Rn 175.

[28] Vgl. die Aufzählung der schußwaffenberechtigten Bundesbeamten in § 9 des Gesetzes über den unmittelbaren Zwang bei der Ausübung öffentlicher Gewalt durch Vollzugsbeamte des Bundes (UZwG) vom 10. März 1961, BGBl. I S. 165, zuletzt geändert durch Art. 3 des Gesetzes vom 20. Dezember 1984, BGBl. I S. 1654; s. dazu auch *Klaus Vogel*, in: Bill Drews / Gerhard Wacke / Klaus Vogel / Wolfgang Martens, Gefahrenabwehr (Drews / Wacke), 9. Aufl. 1985, S. 544ff.; *Riegel* (FN 7), S. 131 f.; *Hans-Hugo Pioch*, Gesetz über den unmittelbaren Zwang bei Ausübung öffentlicher Gewalt durch Vollzugsbeamte des Bundes (UZwG), 1963, S. 92ff., 153ff.; auf den Zusammenhang zwischen der Aufgabe u.a. des BGS, Angriffe von i.d.R. nichtkombattanten Störern abzuwehren und das UZwG macht aufmerksam *Martin Willich*, BGS Historische und aktuelle Probleme der Rechtsstellung des Bundesgrenzschutzes, seiner Aufgaben und Befugnisse, 1980, S. 192.

Dies erscheint so selbstverständlich, daß es in den gängigen Kommentierungen zu Art. 12 a GG nicht problematisiert wird. Das wohl führende Werk zum allgemeinen Polizei- und Ordnungsrecht des Bundes (einschließlich des Polizeivollzugsdienstes im BGS) und der Länder, *Drews / Wacke / Vogel / Martens*, Gefahrenabwehr, erwähnt diese Grundgesetzbestimmung überhaupt nicht[29].

Beiden Fragen vorgreiflich ist daher die Untersuchung von Normprogramm und Normbereich[30] der hier maßgeblichen Grundgesetzvorschrift Art. 12 a Abs. 4 Satz 2 GG. Dies erfordert eine Klärung der Begriffe Dienstleistung und Waffe gerade in ihrer Beziehung zueinander.

3. BGS: „Dienst mit der Waffe" i. S. v. Art. 12 a Abs. 4 Satz 2 GG?

3.1 Wortlaut und systematische Auslegung

Wortlaut und systematische Interpretation von Art. 12 a Abs. 4 Satz 2 GG lassen diese Vorschrift wie alle Regelungen in Art. 12 a GG ausschließlich als eine verteidigungsbezogene verstehen, wonach sie nur für den militärischen Bereich einschließlich allenfalls der ihm unmittelbar dienenden zivilen Einrichtungen Geltung beanspruchen kann[31]. Dabei ist die Nähe der Formulierung zu den Vorschriften der Art. 4 Abs. 3 Satz 1 GG („Niemand darf gegen sein Gewissen zum Kriegsdienst mit der Waffe gezwungen werden."), Art. 12 a Abs. 2 Satz 1 GG („Wer aus Gewissensgründen den Kriegsdienst mit der Waffe verweigert, kann zu einem Ersatzdienst verpflichtet werden.") und Art. 26 Abs. 2 Satz 1 GG („Zur Kriegsführung bestimmte Waffen dürfen nur mit Genehmigung der Bundesregierung hergestellt, befördert und in Verkehr gebracht werden.") von besonderer Auffälligkeit im Hinblick insbesondere auf die Wortauslegung von Art. 12 a Abs. 4 Satz 2 GG.

Art. 12 a Abs. 4 GG regelt die Dienstpflichten für Frauen im Verteidigungsfall. Entgegen Art. 12 a Abs. 1 GG („Männer ...") ermöglicht

---

[29] A. a. O. (FN 28); ebensowenig *Hans J. Wolff / Otto Bachof*, Verwaltungsrecht, Bd. III, 4. Aufl. 1978, vgl. insbesondere § 123 Rn 15.

[30] Zu diesen Begriffen vgl. *Konrad Hesse*, Grundzüge des Verfassungsrechts der Bundesrepublik Deutschland, 15. Aufl. 1985, Rn 68 f.

[31] Vgl. dazu *Scholz* (FN 8), Rn 206.

26   II. Die verfassungsrechtlichen Grundlagen

Art. 12a Abs. 4 Satz 1 GG nur im Verteidigungsfall auch die Dienstverpflichtung von Frauen in verschiedenen Bereichen, einschließlich des Dienstes in den Streitkräften, nämlich in „ortsfesten militärischen Lazarettorganisationen". Grundsätzlich unberührt davon ist der freiwillige Einsatz von Frauen auch in anderen Bereichen der Streitkräfte. Hiervon bewirkt allerdings Art. 12a Abs. 4 Satz 2 GG wiederum eine Ausnahme, da der „Dienst mit der Waffe" für Frauen dort selbst bei freiwilligen Meldungen generell verboten ist.

Nach systematischer Auslegung ist daher unter dem Begriff „Dienst mit der Waffe" in Art. 12a Abs. 4 Satz 2 GG der „Kriegsdienst mit der Waffe" i. S. v. Art. 12a Abs. 2 Satz 1, 1. Halbsatz und Art. 4 Abs. 3 Satz 1 GG zu verstehen, der innerhalb der „Streitkräfte" geleistet wird (arg. Art. 12a Abs. 1 i. V. m. Art. 87a Abs. 1 Satz 1 GG).

3.2 Historische Auslegung

Eine entstehungsgeschichtliche Analyse des hier maßgeblichen Normbereichs bestätigt diesen Befund.

3.2.1 *Parlamentarischer Rat 1948 - 1949*

a) Zu Art. 4 Abs. 3 Satz 1 GG

In der ersten Lesung des Abschnitts II „Allgemeine Bestimmungen" am 19. November 1948 wies der Abgeordnete *Renner* (KPD) im Hauptausschuß des Parlamentarischen Rates darauf hin, daß die Verfassung von Südbaden einen Satz etwa des Inhalts enthalte: „*Kein Staatsbürger darf zum Kriegsdienst gezwungen werden*". Er beantragte, diesen Satz an geeigneter Stelle in das Grundgesetz aufzunehmen. Der Vorsitzende *Dr. Schmid* (SPD) schlug vor, den Satz mit „Niemand..." beginnen zu lassen. *Dr. Eberhard* (SPD) erklärte, daß die sozialdemokratische Fraktion beabsichtige, unter „Freiheitsrechten" einen Artikel über die Kriegsdienstverweigerung unterzubringen[32].

Auf Antrag der Abgeordneten *Frau Nadig* (SPD) wurde das Thema am 30. November 1948 in der 26. Sitzung des Grundsatzausschusses behan-

---

[32] Parlamentarischer Rat, Verhandlungen des Hauptausschusses, Bonn, o.J. (1949), 6. Sitzung, S. 69, 72 f.

delt. Der Ausschuß einigte sich auf die Formulierung in der heute geltenden Fassung[33].

b) Zu Art. 26 Abs. 2 Satz 1 GG

Bei der Erörterung des Genehmigungsvorbehalts für die Herstellung, Beförderung usw. von *„zur Kriegsführung bestimmte Waffen"* in der 12. Sitzung des Grundsatzausschusses am 15. Oktober 1948 schlug der Abgeordnete *Dr. Heuss* (F.D.P.) vor, statt der Worte „Waffen und Munition" die Bezeichnung „Kriegsgeräte" zu wählen, um eine klarere Abgrenzung zu den Jagdwaffen zu erzielen[34]. Der Formulierung „zur Kriegsführung bestimmte Waffen" war dann in der 20. Sitzung am 7. November 1948 auf Vorschlag von *Dr. v. Mangoldt* (CDU) zugestimmt worden, nachdem *Dr. Eberhard* (SPD) bemängelt hatte, der Begriff „Kriegsgerät jeder Art" sei zu weit gefaßt, da nach der „Genfer Ansicht" auch Rohstoffe darunter fallen könnten[35].

Der Hauptausschuß schloß sich dieser Auffassung am 19. November 1948 an, um (wenigstens) die Herstellung von Drehbänken, Feldstechern und von Revolvern für die Polizeibewaffnung nicht zu unterbinden[36].

Aus diesen Erörterungen ist zu entnehmen, daß mittelbar zum Kriegsdienst verwendete Geräte nicht vom Begriff Kriegswaffe umfaßt sein sollten, wohl aber die unmittelbar zu Kampfhandlungen befähigenden.

Dieser Eindruck wird auch nicht dadurch relativiert, daß bei den späteren Verhandlungen *Dr. Eberhard* (SPD) beantragte, die Formulierung „... zur Kriegsführung bestimmte Waffen" zu ersetzen durch „... zur Kriegsführung geeignete Waffen", da die objektive Eignung der Waf-

---

[33] Stenographisches Protokoll S. 79 - 86; Kurzprotokoll S. 3f.; JÖR, N.F. Bd. 1 (1951), S. 76; diese Fassung wurde vom Hauptausschuß in der 17. Sitzung am 3. Dezember 1948 übernommen, Hauptausschuß (FN 32), S. 545f.; JÖR, a.a.O., S. 77f.; in der 43. Sitzung (2. Lesung) am 18. Januar 1949 blieb es dabei. Auch eine Diskussion in der Sache erfolgte nicht mehr, obgleich die Abgeordneten *Dr. Lehr* (CDU), *Schröter* (CDU), *Dr. de Chapeaurouge* (CDU) und *Dr. Schwalber* (CSU) die Streichung des Rechts auf Kriegsdienstverweigerung beantragt hatten; vgl. Drucksache des Parlamentarischen Rates Nr. 752; Hauptausschuß, ebenda, 57. Sitzung am 5. Mai 1949, S. 745; Parlamentarischer Rat, Stenographischer Bericht, 9. Sitzung am 6. Mai 1949, S. 176; JÖR, a.a.O., S. 79.

[34] Drucksache Nr. 204.

[35] Drucksache Nr. 269; vgl. zur Entstehungsgeschichte *Eberhard Menzel*, Art. 26, in: Bonner Kommentar, o.J., Anmerkung I 2 b.

[36] Hauptausschuß (FN 32), S. 74.

fen und nicht die Absicht der Waffenverwendung entscheidend sein müsse. Der Grundsatzausschuß billigte dies in seiner 30. Sitzung am 6. Dezember 1948[37]. Der Hauptausschuß sprach sich jedoch in seiner 29. Sitzung am 5. Januar 1949 mit 10:9 Stimmen dagegen aus[38]. Der Antrag *Renner* (KPD), jede Genehmigungsklausel zugunsten der Bundesregierung überhaupt zu streichen, verfiel mit allen gegen eine Stimme der Ablehnung[39].

Man wird in beiden Abstimmungsergebnissen eine – wenn auch knappe – Mehrheit für die Auffassung sehen können, den Waffenbegriff eher eng auszulegen. Unter Kriegswaffe sollte in erster Linie das Produkt zu verstehen sein, welches im unmittelbaren Zusammenhang mit einer militärischen Konfrontation die Tötungshandlung tatsächlich bewirkt. Waffen, die ihrer objektiven Beschaffenheit nach zwar auch zur Kriegsführung geeignet sind, deren Zweck aber auf einen anderen Erfolg gerichtet ist, sollten ausgenommen bleiben. Ob Sekundärfunktionen, also in die Kausalkette eingebundene Tätigkeiten, die für sich genommen nicht den Erfolg bewirken können, dem Waffenbegriff zugeordnet werden sollen, ist aus diesen Verhandlungen dagegen nicht zweifelsfrei zu entnehmen[40].

c) Zwischenergebnis

Im Ergebnis läßt sich aus den Verhandlungen des Parlamentarischen Rates im Hinblick auf das hier in Rede stehende Problem unmittelbar nichts entnehmen. Immerhin kann aber soviel gesagt werden, daß unter den Worten „(Kriegs-)Dienst mit der Waffe" eine Tätigkeit verstanden wurde, die ohne weiteres auf die mit militärischen Mitteln geführte Vernichtung des Gegners gerichtet ist. Mittelbare, dem Kriegsdienst nur insgesamt förderliche Tätigkeiten sollten diesem Begriff nicht zugeordnet werden. Damit stimmt überein, daß die Entstehungsgeschichte auch für die Worte „zur Kriegsführung bestimmte Waffen" eine eher enge Auslegung nahelegt.

---

[37] Drucksache 360.
[38] Hauptausschuß (FN 32), S. 349.
[39] Ebenda.
[40] Vgl. *Menzel* (FN 35), Anm. II 6.

3.2.2 Erste Wahlperiode 1949 - 1953 (Deutschlandvertrag, EVG)

Bei der Behandlung der Zustimmungsgesetze zum Deutschlandvertrag und zum Vertrag über die Europäische Verteidigungsgemeinschaft im Deutschen Bundestag wurde Art. 4 Abs. 3 GG als Argument für und gegen die Auffassung bemüht, das Grundgesetz lasse die allgemeine Wehrpflicht zu. Das hier in Rede stehende Problem wurde lediglich in der Rede des Berichterstatters *Dr. Wahl* (CSU) in der 241. Sitzung des Deutschen Bundestages am 4. Dezember 1952 beiläufig angesprochen, der den Sanitätsdienst als ein Beispiel für einen Dienst ohne Waffe benannte[41].

3.2.3 Zweite Wahlperiode 1953 - 1957 („Wehrverfassung")

Mit dem Gesetz vom 19. März 1956[42] wurden die Grundzüge der Wehrverfassung festgelegt und ein Schlußstrich unter lange verfassungsrechtliche Auseinandersetzungen gezogen[43]. Dabei war die Dienstleistung der Frau im Bereich der Streitkräfte ein Problem von besonders großer politischer und rechtlicher Schwierigkeit. Zwar bestand von Anfang an Übereinstimmung darüber, in Friedenszeiten eine gesetzliche Verpflichtung von Frauen zu Dienstleistungen im Verband der Streitkräfte nicht zuzulassen[44]. Die unter dem Eindruck des vergangenen Krieges stehende Diskussion führte aber schließlich zu einem Verbot auch für den Verteidigungsfall und zu einem Verbot jeder Verwendung von Frauen zu einem Kriegsdienst mit der Waffe. Freiwillige waffenlose Dienstleistungen von Frauen im Verband der Streitkräfte sollten dagegen im Frieden wie im Verteidigungsfalle möglich sein[45].

a) Die parlamentarischen Beratungen

Zu einer ersten Diskussion über den Waffenbegriff im Zusammenhang mit der Dienstleistung von Frauen kam es in der 6. Sitzung des Rechts-

---

[41] Stenographischer Bericht S. 11304 C.
[42] BGBl. I S. 111.
[43] Zur Entstehungsgeschichte der sog. Wehrverfassung vgl. *K. Ipsen / J. Ipsen* (FN 8), Anmerkung I.; *Eberhard Menzel*, Art. 115a, in: Bonner Kommentar, Stand 1968, Anmerkung I.; *Stern* (FN 22), S. 1389 ff.
[44] Protokoll über die 6. Sitzung des Bundestags-Ausschusses für Rechtswesen und Verfassungsrecht (im folgenden: Rechtsausschuß) am 9. Februar 1954, S. 63 ff.
[45] Vgl. *Walter Roemer*, Die neue Wehrverfassung, JZ 1956, 194 f.

ausschusses am 9. Februar 1954. Nachdem der Abgeordnete des Deutschen Bundestages, *Dr. von Merkatz* (DP), ausgeführt hatte, daß in keinem Heer ohne weibliche Hilfskräfte für Küche, Pflege, Schreibstube, Bekleidungsverwaltung und Sanitätsdienst auszukommen sei, kam es im Zusammenhang mit einer Entgegnung des Abgeordneten des Deutschen Bundestages, *Dr. Arndt* (SPD), zu einem Wortgefecht darüber, ob der Dienst am Flakscheinwerfer als Dienst mit der Waffe anzusehen sei, was *Dr. von Merkatz* bejahte[46].

In ihrer Ablehnung jeglichen Waffendienstes durch Frauen hob die Abgeordnete des Deutschen Bundestages, *Frau Dr. Lüders* (F.D.P.), besonders auf die angeblichen biologischen und funktionalen Unterschiede zwischen Männern und Frauen ab[47]:

„Aber noch eines, damit Sie mich nicht übermorgen bei der Debatte über die Rechtsgleichheit von Mann und Frau vielleicht mit einem entsprechenden Zuruf beglücken: Die Frage der eventuellen Wehrverpflichtung der Frau hat mit der Frage der Rechtsgleichheit überhaupt gar nichts zu tun. Die Tätigkeit der Frau mit der Waffe, ihre Verpflichtung, mit der Waffe zu kämpfen, und sei es auch nur – „nur" ist ein viel zu mildes Wort – als Flakhelferin, wo sie zu Dutzenden draufgegangen ist, widerspricht dem, was wir gerade von seiten der Frauen bei der Rechtsgleichheit stets betont haben, daß nämlich Rechtsgleichheit rechtlich nicht Gleichmacherei bedeutet. Männer sind eben keine Frauen – seien Sie glücklich! –, und Frauen sind keine Männer; darüber sind wir glücklich. Hier muß selbstverständlich dem funktionalen Unterschied zwischen Männern und Frauen Rechnung getragen werden. Wir können nicht gut Waffen führen. Sie verstehen, wenn Sie nicht gerade Ärzte sind, nicht mit Babys umzugehen!"

In dieser wohl vor allem aus moralischen Erwägungen herrührenden Einschätzung einer besonderen Schutzbedürftigkeit von Frauen war sich der Ausschuß ohne kontroverse Diskussion schnell einig. Frauen sollten – ebenso wie unter 18-jährige Männer – von der Wehrpflicht ausgenommen werden. Dabei wurde durchgehend Wehrpflicht mit Dienst an der Waffe gleichgesetzt. Der Waffenbegriff selbst wurde allerdings keiner Klärung zugeführt; Tätigkeiten am Flakscheinwerfer sollten ihm wohl zugerechnet werden, nicht aber Büro-, Sanitäts- und vergleichbare Dienste[48].

---

[46] Protokoll (FN 44), S. 66 f.; vgl. auch Bundestags-Drucksachen 2/124, 125, 171, 275 einschließlich der in der Anlage zur Drucksache Nr. 275 abgedruckten Zusammenstellung der Entwürfe.

[47] Protokoll (FN 44), S. 68; hierauf wird noch einzugehen sein (s. u. II. 4.).

[48] Vgl. Protokoll (FN 44), S. 69 f., 72 f., 73.

3. BGS: „Dienst mit der Waffe" i. S. v. Art. 12 a Abs. 4 Satz 2 GG? 31

War damit das Verbot des Dienstes mit der Waffe entschieden, so bedurfte noch das Problem einer Lösung, ob Frauen im Kriege im Verband der Streitkräfte zu Dienstleistungen ohne Waffen herangezogen werden dürften. Der Bundestags-Ausschuß für Fragen der europäischen Sicherheit sprach sich in seiner Sitzung am 15. Dezember 1955 dafür aus, dies zu verbieten[49]. Diese Diskussion ist hier deswegen von besonderem Interesse, weil in ihrem Verlauf Argumente ausgetauscht werden, die im Grunde auch für den Dienst im BGS von einiger Relevanz sein könnten.

Die Problematik faßte die Abgeordnete des Deutschen Bundestages, *Frau Dr. Schwarzhaupt* (CDU/CSU), in der 105. Sitzung des Rechtsausschusses am 4. Februar 1956 wie folgt zusammen[50]:

„Art. 12 wird vom Sicherheitsausschuß genannt. Mir ist aber nicht ganz klargeworden, in welcher Hinsicht er genannt wird. Ich glaube, daß dieser Artikel in einer doppelten Weise in Betracht kommt, nämlich positiv und negativ. Einmal ist Art. 12 der Ort, wo man das Frauenproblem regeln sollte. Es wird vorgeschlagen, hier zu bestimmen, daß Frauen zu einer Dienstleistung im Verband der Streitkräfte nicht verpflichtet werden dürfen. Es heißt bis jetzt in Art. 12 Abs. 2:

Niemand darf zu einer bestimmten Arbeit gezwungen werden, außer im Rahmen einer herkömmlichen allgemeinen, für alle gleichen öffentlichen Dienstleistungspflicht.

Was das ist, darüber kann man bei unserer sehr in Bewegung geratenen modernen Welt außerordentlich streiten. Was ist herkömmlich? Sind die „Drahtamseln", die „Blitzmädchen" schon herkömmlich? Die haben wir in allen Ländern der westlichen Welt. Wir haben beim Einmarsch gesehen, daß auch die Westalliierten uniformierte Frauen hatten. Infolgedessen sollten wir nach dem Vorschlag des Sicherheitsausschusses sehr eindeutig bestimmen, daß Frauen von einer Dienstpflicht im militärischen Verband befreit sind, so daß diese nicht durch ein einfaches Gesetz eingeführt werden kann. Ich halte es auch für sehr glücklich, daß vom Sicherheitsausschuß gesagt worden ist: „im Verband der Streitkräfte". Man sollte nicht von einem Dienst mit der Waffe sprechen. Auch das läßt sich nämlich im modernen Wehrwesen gar nicht mehr genau definieren, was eine Waffe ist. Wir haben ja die Erfahrung aus dem letzten Krieg. Ist der Flakscheinwerfer eine Waffe oder keine? Siebzehnjährige Mädchen sind vor das Kriegsgericht gebracht und verurteilt worden, wenn sie bei einem Fliegerangriff Angst bekommen haben und von dem Flakscheinwerfer weggelaufen sind. Das wollen wir alle nicht wieder haben. Infolgedessen soll eine gesetzliche Verpflichtung, im militärischen Verband zu dienen, nicht begründet werden dürfen.

Das hat aber selbstverständlich nicht die Wirkung, daß es keine freiwilligen Dienste im militärischen Verband gibt. Frauen können sich also durchaus zu

---
[49] Vgl. Drucksachen 52/55 und 56/55.
[50] Protokoll S. 13 f.

dem Dienst als Telephonistinnen und Stabshelferinnen, und was es da alles gibt, melden; sie dürfen nur nicht kraft Gesetzes dazu gezwungen werden. Zweitens – so weit ich weiß, ist das auch im Sicherheitsausschuß klargewesen – gehören zum militärischen Verband nicht das Rote Kreuz und verwandte Organisationen; infolgedessen ist unter Umständen auch eine gesetzliche Verpflichtung zu einem Sanitätsdienst zulässig."

Hier ist besonders hervorzuheben, daß im Rechtsausschuß offensichtlich einhellig „Dienst mit der Waffe" und „Dienst im Verband der Streitkräfte" im funktionalen Zusammenhang bzw. synonym begriffen wurden. Weil schwer zu definieren sei, was im modernen Wehrwesen eine Waffe ist, sollte ggfs. dem Begriff „Dienst im Verband der Streitkräfte" der Vorzug gegeben werden. Ziel war offenbar, Frauen von allem fernzuhalten, was direkt zur militärischen Feindberührung führt.

In der weiteren Diskussion darüber, wie die Abgrenzung vorzunehmen sei, spielten die künftige technische Entwicklung, die mit dem Waffendienst verbundene Gefährdung von Frauen und das Kombattantenproblem eine besondere Rolle. Die entscheidenden Stellen des Protokolls des Rechtsausschusses lauten[51]:

„Abg. *Frau Dr. Dr. h. c. Lüders* (F.D.P.) hält es für schwierig, eine Formulierung zu finden, die die Frauen im Ernstfall vor Gefahren schütze. Es sei zu befürchten, daß im Verteidigungsfalle von den Grundrechten wenig übrigbleibe. Die Formulierungen „im Verband der Streitkräfte" und „bei den Streitkräften" seien unklar. Fraglich sei z.B., wozu die Heeresbüchereien, das Kantinenwesen, der Fernsprech-, Telegrafen- und Funkdienst gehörten. Im Weltkriege hätten viele Frauen zum sogenannten Heeresgefolge gehört, sie hätten Verträge mit der Obersten Heeresleitung, mit den Generalkommandos usw. gehabt, viele Frauen seien auch in der vorgeschobenen Etappe gewesen.

Abg. *Wittrock* (SPD) wirft die Frage auf, ob es angesichts der zu erwartenden Folgegesetze, in denen eine allgemeine Dienstleistungspflicht enthalten sein werde, notwendig sei, hier die Zulässigkeit von Bestimmungen zum Schutze der Frau festzulegen. Wahrscheinlich werde der Ausschuß zu dem Ergebnis kommen, daß es einer ausdrücklichen Verfassungsbestimmung betreffend die Zulässigkeit von besonderen Schutzvorschriften nicht bedürfe, weil die Grundsätze der Verfassung eine solche Differenzierung rechtfertigten. Immerhin sei es zweckmäßig, die Auffassung, daß solche Schutzvorschriften zulässig seien, nicht nur im Protokoll festzulegen, sondern in dem Bericht zu erwähnen.

Abg. *Wittrock* hält es für geboten, den Begriff „Dienstleistung im Verband der Streitkräfte" näher zu bestimmen. Der Verfassungsgesetzgeber müsse klar sagen, welche Tätigkeiten der Frau er für zulässig erachte und welche nicht.

---

[51] Protokoll der 106. Sitzung am 6. Februar 1956, S. 3 ff.

3. BGS: „Dienst mit der Waffe" i.S.v. Art. 12a Abs. 4 Satz 2 GG?

Vors. *Hoogen* gliedert den Formulierungsvorschlag von *Frau Dr. Schwarzhaupt* in folgende drei Fälle: 1) In Krieg und Frieden keinesfalls Dienstleistung mit der Waffe, weder freiwillig noch auf Grund einer gesetzlichen Verpflichtung, 2) zu Dienstleistungen im Frieden dürfen Frauen sich freiwillig verpflichten, 3) im Ernstfall können sie dazu auch herangezogen werden.

Abg. *Wittrock* (SPD) äußert Bedenken gegen eine Bestimmung, nach der eine Dienstpflicht der Frauen für den Verteidigungsfall normiert werden könne. Dienstleistung ohne Waffe sei ein sehr weiter Begriff und müsse näher definiert werden. Auch viele Soldaten auf einer B-Stelle hätten im Krieg keine Waffe getragen.

Abg. *Frau Dr. h.c. Weber* (Aachen) (CDU/CSU) spricht die Befürchtung aus, daß die Fassung, daß die Frau im Verteidigungsfalle zu einer Dienstleistung bei den Streitkräften herangezogen werden könne, zu weit ausgelegt werde. Keinesfalls dürfe daran gedacht werden, Frauen etwa an die Flak zu stellen.

MinDirig. *Dr. Barth* (BMVtg) legt dar, das Bundesverteidigungsministerium habe von vornherein betont, daß eine zwangsweise Verpflichtung von Frauen zu einem Dienst im Frieden keinesfalls in Frage komme. Die Worte „verpflichtet werden" in der Fassung des Verteidigungsausschusses seien zu weitgehend, weil damit unter Umständen die freiwillige Verpflichtung ausgeschlossen werde. Im Frieden würden freiwillige weibliche Kräfte in den Streitkräften nötig sein. Das beginne bei den Schreibkräften im Ministerium und den Dienststellen der Streitkräfte. Wahrscheinlich würden auch in den höheren Stäben schon im Frieden weibliche Schreibkräfte verwendet werden müssen, jedoch immer nur auf Grund von Dienstverträgen.

Betreffend den Verteidigungsfall erklärt der Regierungsvertreter, daß er eine verbindliche Äußerung über die Planung des Ministeriums nicht abgeben könne. Es sei zu bedenken, daß im Verteidigungsfalle auch in anderen Armeen, vor allem in der englischen, für gewisse Verrichtungen Frauen herangezogen werden könnten, jedoch nicht dort, wo eine Waffe getragen oder gebraucht werde. Der Umstand, daß jemand auf der B-Stelle eine Waffe nicht trage, ändere nichts daran, daß der dort tätige Soldat Waffendienst leiste. Die Absicht des Ministeriums entspreche den Wünschen der Abg. *Frau Dr. Schwarzhaupt*. Die von dem Ministerium gewählte Formulierung:

> Frauen dürfen im Frieden nicht zu einer Dienstleistung im Verband der Streitkräfte, im Kriege nicht zum Dienst mit der Waffe gezwungen werden,

habe denselben Inhalt wie die Formulierung von *Frau Dr. Schwarzhaupt*. Der Nachdruck sei hier auf den Zwang gelegt worden. Zur Erläuterung des Begriffs „Dienst mit der Waffe" bemerkt der Regierungsvertreter, im Verteidigungsministerium werde z.B. der Dienst am Scheinwerfer unbedingt als Waffendienst anerkannt. Ein Nachtjäger z.B. könne mit Hilfe eines Scheinwerfers zum Absturz gebracht werden, wenn er nämlich durch den Scheinwerfer geblendet werde. Es werde Grenzfälle geben. Aber die Verfassung könne immer nur mit allgemeinen Begriffen arbeiten, durch die Grenzfälle nicht ausgeschlossen würden. Deshalb könne eine bessere Formulierung als „Dienst mit der Waffe" kaum gefunden werden.

Auf den Einwurf von *Frau Dr. Schwarzhaupt,* daß ihre Formulierung auch eine freiwillige Meldung der Frau zum Dienst mit der Waffe im Kriegsfalle ausschließe, erklärt MinDirig. *Dr. Barth,* daß dies auch vom Ministerium beabsichtigt sei, und möchte deshalb der Formulierung der Referentin den Vorzug geben.

Schließlich empfiehlt der Regierungsvertreter, den Begriff „im Verband der Streitkräfte" völlig herauszulassen. Es komme hierbei nicht auf die Zugehörigkeit zur Wehrmacht oder zum Wehrmachtgefolge an. Diese Begriffe spielten in dem Gesetz betreffend Art. 131 GG eine Rolle, seien auch völkerrechtlich von Bedeutung. In den Genfer Abkommen vom Jahre 1949 über die Stellung der Kriegsgefangenen und Verwundeten im Kriege z. B. habe das Gefolge eine soldatenähnliche Stellung erhalten. Hier gehe es jedoch nur um das innerstaatliche Problem der grundrechtsmäßigen Sicherheit dafür, daß die Frau zu bestimmten Funktionen nicht herangezogen werde.

Abg. *Dr. von Buchka* (CDU/CSU) trägt vor, im Verteidigungsfalle dürfe eine Tätigkeit der Frau, die irgendwie mit der Waffe zusammenhänge, nicht in Betracht kommen, auch nicht auf Grund freiwilliger Meldung. Es werde sich jedoch nicht vermeiden lassen, für sonstige Tätigkeiten, die noch irgendwie näher umschrieben werden müßten, Frauen zwangsweise heranzuziehen. Zu denken sei an die Tätigkeit im Roten Kreuz.

Abg. *Wittrock* (SPD) meint, es sollte eine Tätigkeit der Frau im Verteidigungsfalle ausgeschlossen werden, die eine starke persönliche Gefährdung mit sich bringe, also besonders der Dienst mit der Waffe in der Hand. Da es andererseits Tätigkeiten gebe, die dem Wesen der Frau entsprächen, etwa im Nachrichtendienst, sollte allgemein gesagt werden, daß eine Frau nicht zu einer unmittelbaren Teilnahme an bewaffneten Auseinandersetzungen gezwungen werden könne. Es sei schwierig, hier eine konkrete Formulierung zu finden.

Abg. *Dr. Jaeger* (CDU/CSU) legt dar, die Formulierung des Verteidigungsausschusses könne nicht als endgültig angesehen werden; da es sich weitgehend um ein Rechtsproblem handle, habe der Verteidigungsausschuß die Formulierung dem Rechtsausschuß überlassen wollen. Das Wort „verpflichtet" in der Fassung des Verteidigungsausschusses sei im Sinne von „gezwungen" verstanden worden. Da immer die Gefahr bestehe, daß im Ernstfall solche Bestimmungen nicht eingehalten würden, sollten sie einigermaßen eingegrenzt werden. Der Verteidigungsausschuß habe in seine Fassung nicht hineinzuschreiben brauchen, daß es weder im Frieden noch im Kriege einen Zwang für die Frauen zum Waffendienst gebe; denn die Wehrpflicht sei in der Verfassung nur für die Männer festgelegt worden. Was die Frage des freiwilligen Waffendienstes der Frau im Kriegsfall angehe, so könne dies verfassungsrechtlich nach dem Grundsatz „volenti non fit iniuria" nicht verboten werden. Wenn eine Frau im Kriege Waffendienst tun wolle, sei es nur eine Frage der militärischen Zweckmäßigkeit, ob man davon Gebrauch machen wolle. Wahrscheinlich werde man von solchen freiwilligen Meldungen keinen Gebrauch machen. Die Verfassung sei nicht dazu da, die frei-

3. BGS: „Dienst mit der Waffe" i.S.v. Art.12a Abs.4 Satz 2 GG?   35

willige Meldung eines Menschen auszuschließen. Es handle sich hier nicht um einen verfassungswürdigen Grundsatz. Allenfalls könne eine diesbezügliche Bestimmung in das Wehrgesetz aufgenommen werden.

Abg. *Dr. Weber* (Koblenz) (CDU/CSU) spricht sich dafür aus, festzulegen, daß in Friedenszeiten keine zwangsweise Heranziehung der Frauen erfolgen dürfe, daß im Verteidigungsfalle Frauen zu Dienstleistungen bei den Streitkräften gezwungen werden könnten, daß weder im Frieden noch im Kriege Frauen zum Dienst mit der Waffe herangezogen werden könnten. Die Festlegung einer Dienstleistungspflicht der Frauen im Kriege sei schon deshalb geboten, weil mit Sicherheit vorauszusehen sei, daß eine gegenteilige Bestimmung des Grundgesetzes im Ernstfall verletzt werden würde. Eine Heranziehung der Frauen zum Dienst mit der Waffe im Kriege dürfe auch nicht auf Grund freiwilliger Meldung erfolgen. Der Satz „volenti non fit iniuria" könne hier nicht gelten. Dies sei eine moralische Frage, ein solcher Dienst widerspreche ethischen Grundsätzen.

Sorgfältig überlegt werden müsse die Formulierung, durch die der Dienst mit der Waffe von den Dienstleistungen abgegrenzt werde. Der Scheinwerfer z.B. sei an sich keine Waffe, ermögliche aber den Waffengebrauch, und zwar in einer Weise, die eine unmittelbare Gefährdung der den Scheinwerfer bedienenden Personen mit sich bringe. Hingegen sei der Dienst auf der Schreibstube als Stenotypistin, das Ausstellen der Urlaubsscheine, das Führen der Soldlisten usw. eine der Frau gemäße Beschäftigung. Allerdings seien solche Tätigkeiten bei der Frontgruppe nicht erwünscht.

Abg. *Dr. Weber* bittet die Regierungsvertreter, auch ihrerseits eine Formulierung zu erwägen, die noch genauer als die von der Referentin vorgetragene sei.

Abg. *Frau Nadig* (SPD) spricht die Befürchtung aus, daß der Dienst einer Frau im Verband der Streitkräfte im Ernstfall alsbald in einen Dienst mit der Waffe übergeleitet werde. Das bringe eine solche Tätigkeit mit sich. Nachher könne angesichts der Entwicklung der Kriegstechnik niemand unterscheiden, was noch Dienst mit der Waffe sei und was nicht. Es sollte alles geschehen, um die Frau aus dem Verband der Streitkräfte herauszulassen. Die Lösung müsse für den Krieg dieselbe wie für den Frieden sein.

Vors. *Hoogen* hält es nicht für möglich, im Grundgesetz näher zu bestimmen, was eine Waffe sei. Das ändere sich mit der technischen Entwicklung, das Grundgesetz könne nicht mit der technischen Entwicklung geändert werden.

Abg. *Rehs* (SPD) möchte auf die Frage, ob eine Bestimmung, die jeden Dienst der Frau mit der Waffe ausschließe, in das Grundgesetz – und zwar nicht als ein Grundrecht, sondern als ein über die Grundrechte hinausgehender ethischer Grundsatz – gehöre oder nicht, keine endgültige Antwort geben. Dafür könnten allgemeine ethische Prinzipien sprechen, um den Grundcharakter der Staatsauffassung in der Bundesrepublik noch deutlicher zu machen. Wenn diese ethischen Prinzipien nicht bejaht würden, sollte sich der Ausschuß darauf beschränken, eine solche Verbotsbestimmung in ein Wehrgesetz aufzunehmen, wo sie allein hingehöre.

Abg. *Rehs* bittet weiter, zu überlegen, ob es für den Fall einer totalen Auseinandersetzung im Zeichen der Atombombe und angesichts einer strategischen Lage der Bundesrepublik noch irgendwelchen Sinn habe, die Frauen zu irgendwelchen Dienstleistungen für die Streitkräfte zu verpflichten, ob man damit nicht den in der DDR beschrittenen Weg gehe und in bedenkliche Nähe zu den dort vertretenen Auffassungen komme. Abg. *Rehs* möchte sich noch nicht dazu entschließen, die Festlegung von Dienstleistungen der Frau im Verteidigungsfall zu bejahen, neigt vielmehr der Auffassung zu, die Bundesrepublik sollte, auch wegen des moralischen Gewichtes über die Grenzen hinaus, die Frau von jeder Dienstleistung im Kriegsfall freistellen.

Abg. *Frau Dr. Dr. h. c. Lüders* (F.D.P.) erklärt, Einzelheiten könnten nicht in die Verfassung aufgenommen werden. Eine Kasuistik sei bedenklich, bei Aufführung einzelner Fälle werde sich die Verfassung nicht wahren lassen. Gleichwohl müsse sorgfältig nach einer klaren Bestimmung gesucht werden. Der Begriff „im Verband der Streitkräfte" sei unklar. Der Funkdienst z.B. sei ohne die dazugehörige militärische Organisation nicht ausführbar, und hierfür würden im Kriegsfall wieder Frauen benötigt werden. Der Begriff „Dienst mit der Waffe" sage ebenfalls nichts aus. In der vorgeschobenen Etappe müsse jeder eine Pistole bei sich tragen, das sei schon im ersten Weltkrieg so gewesen. Im Kriegsfall gebe es weder im Frontgebiet noch in der Etappe noch in der Heimat einen sicheren Schutz für die Frau, sie werde überall gefährdet sein.

Einen Waffendienst der Frau auf Grund freiwilliger Meldung lehnt *Frau Dr. Lüders* ab. So weit könne die Freiheit der Berufswahl nicht gehen.

Abg. *Frau Dr. Schwarzhaupt* (CDU/CSU), Referentin, hält es für zweckmäßig, in der Verfassung klar auszusprechen, welche Bestimmungen zum Schutze der Frau auch im Kriegsfall nicht beseitigt werden dürften, um nicht die Gefahr zu schaffen, daß im Kriegsfall, wo ein gewisses Maß von Sicherungen immer beseitigt werden müsse, bei einer unter Umständen legalen Beseitigung der Ausnahmebestimmungen nichts für die Frau übrigbleibe.

Die Referentin vertritt die Auffassung, daß eine Frau auch bei freiwilliger Meldung nicht zum Waffendienst herangezogen werden dürfe. Hier handle es sich nicht bloß um ein Recht der einzelnen Person gegenüber Zwangsmöglichkeiten des Staates, hier spiele die Würde des Menschen eine Rolle. Es gebe auch einen „freiwilligen Zwang", es gebe in einem Volk Zustände emotionaler Erregung, in denen vernünftige Erwägungen ausschieden.

Abg. *Haasler* (Gast CDU/CSU) schließt sich der von der Referentin anfangs vorgetragenen Formulierung und ihrer Auffassung an, daß auch der freiwillige Dienst einer Frau mit der Waffe nicht zugelassen werden sollte. Hiergegen sprächen ethische Gründe; hinzu komme, daß in der Ostzone eine andere Regelung erfolgt sei. Die Festlegung dieses Grundsatzes in der Verfassung sei zu begrüßen.

Abg. *Haasler* bittet, zu erwägen, ob nicht die Begriffe „Waffendienst", „kämpfende Truppe" oder „Teilnahme an bewaffneten Auseinandersetzungen" brauchbarer seien als der Begriff „Dienst mit der Waffe".

3. BGS: „Dienst mit der Waffe" i.S.v. Art. 12a Abs. 4 Satz 2 GG?

Abg. *Schröter* (Wilmersdorf) (SPD) weist zunächst gegenüber den Ausführungen des Abg. *Dr. von Buchka* darauf hin, daß über die Frage der Dienstleistungen des Roten Kreuzes im Ausschuß Einigkeit bestehe. Anders sei es mit den Sanitätskompanien.

Abg. *Schröter* meint, bei der Entwicklung der Kriegstechnik werde sich im Kriegsfall die Heranziehung der Frauen zu Hilfsleistungen nicht vermeiden lassen. In England z.B. habe sogar die Prinzessin ihre Zeit in dem Königlichen Hilfskorps abgedient.

Eine Verwendung der Frauen im Waffendienst auf Grund freiwilliger Meldung dürfe nicht möglich sein. Der Grundsatz der Gleichberechtigung könne hier nicht in Betracht kommen.

Die Abgrenzung, was Waffendienst sei, sei schwierig. Die Grenze müsse richtig gezogen werden, um im Ernstfall eine nicht gewünschte Entwicklung zu verhüten. Der Ausschuß werde für diese Abgrenzung die Hilfe des Ministeriums benötigen, weil hier die Entwicklung der Militärtechnik mitspiele. Das Radargerät z.B. sei gewiß eine Waffe, werde aber auch im Frieden verwendet. Seine Bedienung könne im Kriege für die Frau ungefährlich sein.

Abg. *Seidl* (Dorfen) (CDU/CSU) spricht sich dafür aus, eine Bestimmung in die Verfassung aufzunehmen, von der zu erwarten sei, daß sie im Ernstfall einen gewissen Bestand habe. Hierfür sei der Vorschlag der Referentin am besten geeignet. Diese Fassung schließe zugleich aus, daß sich eine Frau freiwillig zum Dienst mit der Waffe in den Streitkräften melden könne. Dies sollte in der Verfassung ausdrücklich gesagt werden. Was die Formulierung „Dienst mit der Waffe" angehe, so müsse noch erwogen werden, ob die von dem Abg. *Haasler* vorgeschlagenen Begriffe brauchbarer seien.

Eine Dienstleistung der Frau ohne Waffe für den Kriegsfall dürfe nicht ausgeschlossen werden, weil eine solche Heranziehung einfach nicht vermeidbar sein werde. Dasselbe gelte für Dienstleistungen in der Rüstungsindustrie usw. Es müsse auch eine Dienstleistung im Verband der Streitkräfte möglich sein. Fernmeldeeinrichtungen z.B. könnten ohne Eingliederung in den Verband der Streitkräfte gar nicht wirksam sein. Ähnlich werde es bei anderen Tätigkeiten, bei den Schreibkräften usw. sein. Ob z.B. eine weibliche Fernmeldeeinheit bei einer Armee oder einer unteren Einheit in Bunkern bzw. militärischen Gebäuden oder in einem Postgebäude sitze, sei hinsichtlich der Gefährdung gleichgültig. Etwas anderes sei die völkerrechtliche Frage; diese sei nicht im Grundgesetz, sondern im Wehrgesetz und durch eine entsprechende Organisation zu lösen.

Vors. *Hoogen* faßt den Stand der Diskussion wie folgt zusammen. Der Ausschuß sei sich über den Grundsatz einig, daß eine Dienstleistungsverpflichtung im Frieden unzulässig sei. Für eine Dienstleistungsverpflichtung im Verteidigungsfall hätten sich alle Redner außer dem Abg. *Rehs* ausgesprochen. Hierzu macht Frau Abg. *Dr. Weber* die Einschränkung, daß der Dienst nicht an der Front erfolgen dürfe. Der Vorsitzende fährt fort, gegen den Waffendienst der Frau hätten sich entsprechend dem Vorschlag der Referentin alle Redner außer dem

Abg. *Dr. Jaeger* ausgesprochen, und erklärt, er neige etwas mehr der Auffassung des Abg. *Dr. Jaeger* zu, weil diese realistischer sei.

Abg. *Wittrock* (SPD) widerspricht der Auffassung des Abg. *Rehs,* daß eine Dienstverpflichtung der Frauen im Kriegsfall verboten werden sollte, und hält dem entgegen, der Verfassungsgesetzgeber sei verpflichtet, Regelungen zu treffen, die nach menschlichem Ermessen Aussicht auf Verwirklichung hätten. Sonst werde die Auffassung diskreditiert.

Weiter widerspricht Abg. *Wittrock* der Auffassung des Abg. *Dr. Jaeger,* daß es, weil in der Verfassung nur die Wehrpflicht für Männer festgelegt sei, überflüssig sei, in Art. 12 die Wehrpflicht der Frauen auszuschließen. Die Vorschrift des Art. 73 Ziffer 1 GG enthalte nur die Gesetzgebungskompetenz. Die Verfassung sei vollkommener, wenn auch in den materiell-rechtlichen Bestimmungen des Grundgesetzes etwas über den Waffendienst der Frau gesagt werde.

Abg. *Wittrock* äußert sodann Bedenken, ob der Verfassungsgesetzgeber einen freiwilligen Waffendienst der Frau ausschließen könne, möchte sich jedoch noch nicht endgültig festlegen.

Schließlich bezeichnet er es als falsch, den Begriff „Dienst mit der Waffe" zu ändern. In Art. 4 GG sei bereits der Begriff „Kriegsdienst mit der Waffe" eingeführt.

Abg. *Frau Dr. Dr. h. c. Lüders* (F.D.P.) wiederholt ihre Auffassung, daß der Frau nicht das Recht gegeben werden dürfe, sich zum Dienst mit der Waffe zu verpflichten. Schon in der Vergangenheit hätten solche angeblich oder tatsächlich freiwilligen Meldungen erschreckende Konsequenzen gehabt. Auch wenn nur einige dutzend Personen sich meldeten, träten weitgehende psychologische Wirkungen ein. Die von der Referentin vorgeschlagene Fassung, „in keinem Fall herangezogen werden" lasse die Möglichkeit offen, daß eine Frau sich freiwillig zum Dienst mit der Waffe melde.

Vors. *Hoogen* bemerkt, die Fassung der Referentin sei so zu verstehen, daß Frauen weder zwangsweise noch freiwillig herangezogen werden könnten.

Abg. *Dr. Jaeger* (CDU/CSU) legt dar, der Verteidigungsausschuß sei der Meinung gewesen, eines Ausschlusses der Verpflichtung der Frauen zum Waffendienst bedürfe es nicht mehr, weil es nach Art. 73 Ziffer 1 GG eine Wehrpflicht nur für Männer vom vollendeten 18. Lebensjahr ab gebe, habe sich allerdings für den Fall, daß die Gefahr, daß die Länder für Frauen die Dienstpflicht einführen könnten, nicht nur für theoretisch gehalten werde, mit der Aufnahme einer entsprechenden Bestimmung in der Verfassung einverstanden erklärt.

Abg. *Dr. Jaeger* betont, auch er wolle den freiwilligen Waffendienst der Frau nicht. Es genüge jedoch, eine entsprechende Bestimmung in das Wehrgesetz aufzunehmen. Die Bestimmung sei nicht verfassungswürdig, weil hier nicht in ein Grundgesetz (gemeint ist wohl: Grundrecht; Anm. d. Verf.) eingegriffen werde.

Eine Bestimmung, daß Frauen auch im Verteidigungsfall nicht zu Dienstleistungen im Verband der Streitkräfte gezwungen werden könnten, werde dem Ernst-

3. BGS: „Dienst mit der Waffe" i. S. v. Art. 12 a Abs. 4 Satz 2 GG?

fall nicht standhalten. In einem modernen Krieg würden sehr viele Hilfskräfte gebraucht und Männer in weitestem Umfang für den Dienst mit der Waffe freigemacht werden müssen. Deshalb sollte eine solche Bestimmung nicht aufgenommen werden.

Abg. Dr. *von Buchka* (CDU/CSU) bemerkt zur Klarstellung seiner früheren Bemerkungen, er habe die Angehörigen des Roten Kreuzes nur beispielsweise erwähnt. Das Rote Kreuz als Organisation stehe außerhalb dieser Erörterungen. Im Verteidigungsfall seien die Schwestern vom Roten Kreuz nur selten in Rot-Kreuz-Lazaretten tätig, sondern überwiegend in zu den Streitkräften gehörenden Lazaretten und unterständen den Wehrmachtdienststellen. Mit Rücksicht auf dieses Beispiel habe er eine zwangsweise Heranziehung befürwortet.

Abg. *Rehs* (SPD) hält eine Mitteilung des Bundesverteidigungsministeriums für angebracht, welche Vorstellungen es angesichts der heutigen Militärtechnik von den verschiedenen Verwendungsmöglichkeiten der Frau habe. Eine Telefonistin könne z. B. im Flakbunker Dienst tun. Eine Frau könne im Luftschutzwarndienst tätig sein. Die letztere Funktion könne völlig im Rahmen des Luftschutzes der Zivilbevölkerung ausgeübt werden."

Aus diesen Erörterungen wird man folgendes schließen können: Wird eine Waffe nicht getragen, so erlaubt dies nach Auffassung des Ausschusses nicht den Schluß, daß kein „Waffendienst" geleistet werde. Zum „Waffendienst" gehöre deshalb z. B. auch der Dienst am Scheinwerfer. Tätigkeiten mit starker persönlicher Gefährdung sollten für Frauen ausgeschlossen sein, insbesondere der Dienst mit der Waffe in der Hand, bei dem die Gefährlichkeit offenkundig erschien. Der Vermeidung von Gefährdung als Abgrenzungsmerkmal wurde mithin Bedeutung beigemessen. Sehr deutlich wurde dieser Gesichtspunkt in der Empfehlung des Abgeordneten des Deutschen Bundestages, *Wittrock* (SPD), der „unmittelbaren Teilnahme an bewaffneten Auseinandersetzungen" vorzubeugen, im Vorschlag des Abgeordneten des Deutschen Bundestages, *Haasler* (Gast CDU/CSU), von „Waffendienst, kämpfender Truppe oder Teilnahme an bewaffneten Auseinandersetzungen" zu sprechen, und im Hinweis des Abgeordneten des Deutschen Bundestages, *Schröter* (Wilmersdorf) (SPD), das Radargerät sei gewiß eine Waffe, es werde aber auch im Frieden verwendet, seine Bedienung könne jedoch auch im Kriege für die Frau ungefährlich sein. Der Abgeordnete des Deutschen Bundestages, *Wittrock* (SPD), nahm ferner auf Art. 4 Abs. 3 GG Bezug, wohl in dem Sinne, daß in Art. 12 GG nicht ein davon abweichender Waffenbegriff eingeführt werden sollte.

Hervorzuheben verdient allerdings auch, daß es sich nach Ansicht verschiedener Abgeordneter bei der Frage eines Waffendienstes für Frauen um eine solche von *moralischer* Qualität handele. Dies geht über die von der Abgeordneten des Deutschen Bundestages, *Frau Dr. Lüders* (F.D.P.), in der 6. Sitzung des Rechtsausschusses am 9. Februar 1954 (s. o.) vorgetragenen biologisch-funktionalen Argumentation hinaus. So meinen die Abgeordneten des Deutschen Bundestages, *Haasler* (Gast CDU/CSU), *Rehs* (SPD) und *Dr. Weber* (Koblenz) (CDU/CSU), ein solcher Dienst „widerspreche ethischen Grundsätzen" bzw. lege einen Verstoß gegen angebliche „allgemeine ethische Prinzipien des Grundgesetzes" nahe. Daher könne, entgegen dem Abgeordneten des Deutschen Bundestages, *Dr. Jaeger* (CDU/CSU), hier auch nicht der allgemeine Grundsatz „volenti non fit iniuria" herangezogen werden (der auf eine Ulpian-Stelle in den Digesten zurückzuführen ist, Dig. 47, 10, 1 § 5 a. E.: „... quia nulla iniuria est, quae in volentem fiat.", Anm. des Verf.). So weit könne weder die Freiheit der Berufswahl der Frau, so die Abgeordnete des Deutschen Bundestages, *Frau Dr. Lüders* (F.D.P.), noch ihre Gleichberechtigung gehen, so der Abgeordnete des Deutschen Bundestages, *Schröter* (Wilmersdorf) (SPD). Denn, so betonte insbesondere die Berichterstatterin, die Abgeordnete des Deutschen Bundestages, *Frau Dr. Schwarzhaupt* (CDU/CSU), die „Würde des Menschen" schlösse eine freiwillige Meldung von Frauen aus, wohl in der Überzeugung, es gebe eine insoweit spezifische, vom Manne auch qualitativ zu differenzierende Würde der Frau, die – im Gegensatz zur Würde des Mannes – eine freiwillige Meldung von Frauen verböte.

Vor diesem Hintergrund gab der Vertreter des Bundesministers der Verteidigung den folgenden Definitionsversuch[52]:

„MinDirig *Dr. Barth* (BMVtg) erklärte sich außerstande, verbindliche Auskunft darüber zu geben, für welche Stellen eine Dienstpflicht der Frau im Kriegsfall in Betracht kommen werde. Die Hauptaufgabe des Verteidigungsministeriums sei gegenwärtig die, die Streitkräfte im Frieden aufzubauen. Schon jetzt lasse sich verbindlich sagen, daß das Ministerium im Kriegsfall Frauen nicht zum Dienst mit der Waffe heranziehen wolle. Dabei sei unter „Dienst mit der Waffe" etwa eine Dienstleistung zu verstehen, bei der die Ausrüstung mit einer Waffe oder die Möglichkeit des Gebrauchs einer Waffe üblich sei. Daraus ergebe sich ohne weiteres, daß Frauen nicht vorn an der Front beschäftigt werden könnten. Denn dort müsse jeder, auch z. B. der Essensträger, mit der Waffe ausgerüstet sein, weil er mit der Notwendigkeit rechnen müsse, sie zu gebrauchen."

---

[52] Ebenda, S. 10.

3. BGS: „Dienst mit der Waffe" i.S.v. Art. 12a Abs. 4 Satz 2 GG?

Die endgültige Fassung wurde im Ausschuß in der 110. Sitzung am 20. Februar 1956 erarbeitet[53]:

„*Vors. Hoogen* glaubt Einmütigkeit in der ersten Teilfrage feststellen zu können, daß Frauen zu einem Dienst mit der Waffe in keinem Fall verwendet werden dürften, also weder freiwillig noch auf gesetzlicher Grundlage, weder im Krieg noch im Frieden, und formuliert den Vorschlag folgendermaßen:

Zu einem Dienst mit der Waffe dürfen sie in keinem Falle verwendet werden.

Abg. *Frau Nadig* (SPD) hält diese Fassung für bedenklich, weil sie die Möglichkeit zur Heranziehung zu anderen Dienstleistungen offen lasse.

Abg. *Dr. Arndt* (SPD), Korreferent, meint ebenfalls, die Bestimmung sei nur dann notwendig, wenn die Frauen im Verteidigungsfall zu einem Dienst ohne Waffen verpflichtet werden könnten, und schlägt folgenden Wortlaut vor:

Frauen dürfen zu einem Dienst im Verband der Streitkräfte nicht verpflichtet werden.

Im übrigen handle es sich um eine Regelung utopischer Dinge, denn wenn ein dritter Weltkrieg ausbreche, brauche man gar nicht mehr zu regeln; wenn aber im Falle einer sowjetischen Totalaggression die Möglichkeit einer Verteidigung bestehe, werde niemand etwas dagegen haben, daß die Frauen sich freiwillig – sei es mit, sei es ohne Waffe – an der Verteidigung beteiligten. Das sei aber eine Frage, die man überhaupt nicht regeln solle. Gesagt werden müsse nur, daß zu Dienstleistungen im Verband der Streitkräfte Frauen nicht durch Gesetz verpflichtet werden dürften. Um die Deckung des Bedarfs an Stenotypistinnen und Telefonistinnen habe er keine Sorge; dafür werde es immer freiwillige Kräfte geben."

Die Schlußabstimmung im Ausschuß hatte folgendes Ergebnis[54]:

„*Vors. Hoogen* läßt über die von der Referentin und dem Korreferenten in Übereinstimmung mit dem Verteidigungsausschuß vertretene und von Abg. *Dr. Arndt* (SPD) um die Worte „durch Gesetz" erweiterte Fassung nach der Feststellung, daß die Wiedereinfügung der Worte „außer im Verteidigungsfalle" nicht beantragt werde, abstimmen; die Fassung wird mit 11 gegen 1 Stimme bei 3 Enthaltungen angenommen.

Abg. *Frau Dr. Schwarzhaupt* (CDU/CSU), Referentin, hält ihren Vorschlag auf Anfügung des Satzes

Zu einem Dienst mit der Waffe dürfen Frauen in keinem Falle verwendet werden

aufrecht.

Dieser Vorschlag wird vom *Ausschuß* mit 10 Stimmen bei 4 Enthaltungen ohne Gegenstimmen angenommen."

---

[53] Vgl. Protokoll S. 3 f.
[54] Ebenda, S. 8.

Die redaktionelle Schlußabstimmung erfolgte in der 114. Sitzung am 24. Februar 1956[55]. Im schriftlichen Bericht des Ausschusses heißt es[56]:

„Zu Art. 12 Abs. 3 (neu)

Der Vorschlag beruht auf einem einstimmigen Beschluß des Ausschusses. Der erste Satz weicht von einem entsprechenden Vorschlag des Verteidigungsausschusses nur in der Formulierung ab. Der zweite Satz geht über diesen Vorschlag insofern hinaus, als er auch einen freiwilligen Dienst der Frau mit der Waffe in *keinem* Fall zuläßt.

Das Verbot, Frauen auf Grund einer gesetzlichen Bestimmung zu Dienstleistungen im Verband der Streitkräfte zu zwingen, schließt ihre Heranziehung zur Dienstpflicht zum zivilen Luftschutz nicht aus."

Die Berichterstatterin, *Frau Dr. Schwarzhaupt* (CDU/CSU), führte im Plenum aus[57]:

„In bezug auf die Beteiligung der Frauen will der Vorschlag eine Rechtslage noch einmal ausdrücklich bekräftigen, die sich bereits aus den Artikeln 12 Abs. 2 und 73 ergibt. Der neu eingefügte Abs. 3 im Art. 12 läßt keine gesetzliche Regelung zu, nach der Frauen zu einem Dienst innerhalb militärischer Verbände gegen ihren Willen herangezogen werden könnten. Darüber hinaus spricht der zweite Satz aus, daß Frauen weder auf Grund freiwilliger Meldung noch auf Grund gesetzlichen Zwanges zu einem Dienst mit der Waffe herangezogen werden dürfen. Es kam dem Rechtsausschuß darauf an, daß mit programmatischem Nachdruck im Grundgesetz ausgesprochen wird, daß unsere Auffassung von der Natur und der Bestimmung der Frau einen Dienst mit der Waffe verbietet. Das steht in keinem Widerspruch zu der Gleichberechtigung von Mann und Frau, die Art. 3 Abs. 2 ausspricht, wie wir sie in der Bundesrepublik verstehen. Wir glaubten, diese Grundauffassung ausdrücklich festlegen zu müssen, gerade in Gedanken an die militärischen Dienste, in die Frauen unseres Volkes in der Vergangenheit und jetzt noch jenseits der Zonengrenze hineingezwungen wurden."

b) Zwischenergebnis

Eine eindeutige Definition der „Waffe" und des „Waffendienstes" wurde in den Beratungen nicht erarbeitet, wegen der zu erwartenden Weiterentwicklung der Technik zum Teil auch für untunlich erachtet. Wesentliches Anliegen war, die Frauen aus dem unmittelbaren Kriegsge-

---

[55] Protokoll S. 40 f.
[56] Bundestags-Drucksache 2/2150 = Anlage 1 zum Stenographischen Bericht über die 132. Sitzung des 2. Deutschen Bundestages, S. 6856 f., Hervorhebung im Original.
[57] Bericht (FN 56), S. 6819 f.

schehen herauszuhalten. Besonderes Motiv waren dabei moralische bzw. ethische Erwägungen, die es im Falle der Frau als gegen die Menschenwürde verstoßend erscheinen lassen, wenn Frauen – selbst bei freiwilliger Meldung – Waffendienst leisteten. Freilich wurde auch gesehen, daß die Gefährdung von Frauen als Abgrenzungskriterium an Bedeutung verliert, je globaler die Gefährdung wird und je weniger sie sich auf die Teilnehmer am reinen Kriegsgeschehen beschränken läßt.

Das Problem der „arbeitsteiligen Waffe" wurde nicht in dem Maße diskutiert, daß insoweit eindeutige Festlegungen erlaubt sind. Immerhin mag man folgern dürfen, daß der Einsatz von Frauen für Hilfsfunktionen bei konkreten Verteidigungsmaßnahmen um so bedenklicher erschien, je enger (unmittelbarer) und damit gefährlicher der Zusammenhang mit der eigentlichen militärischen Abwehrhandlung ist.

Im Ergebnis wurde der Waffenbegriff in Art. 12 GG inhaltlich nicht anders gesehen als in Art. 4 Abs. 3 GG.

Im hiesigen Zusammenhang ist schließlich besonders hervorzuheben, daß der BGS bzw. der Dienst im BGS während den parlamentarischen Beratungen mit keinem Wort Erwähnung fand. Dies wäre angesichts der angeführten Beispiele für zulässige bzw. unzulässige Tätigkeiten von Frauen im Verband der Streitkräfte dann verwunderlich, wenn der historische Gesetzgeber den bereits fünf Jahre zuvor geschaffenen BGS ebenfalls als Streitkraft i. S. d. hier in Rede stehenden Grundgesetznorm angesehen hätte. Dies war aber ersichtlich nicht der Fall.

3.2.4 Vierte Wahlperiode 1961 - 1965 („Notstandsverfassung")

Die ersten Erörterungen über die sog. Notstandsverfassung fanden 1958 statt. Ein Regierungsentwurf (sog. *Schröder*-Entwurf[58]) wurde vom dritten Deutschen Bundestag am 28. September 1960 in erster Lesung beraten, aber nicht verabschiedet[59]. Anders als dieser Entwurf sah der in der vierten Wahlperiode eingebrachte Regierungsentwurf II (sog. *Höcherl*-Entwurf[60]) vor, daß Frauen im Zustand äußerer Gefahr zu Diensten in den Streitkräften verpflichtet werden können; Dienst mit der

---

[58] Bundestags-Drucksache 3/1800.
[59] 124. Sitzung des 3. Deutschen Bundestages am 28. September 1960, Stenographischer Bericht S. 7174 ff.
[60] Bundestags-Drucksache 4/891.

Waffe sollte für sie auch im Verteidigungsfall ausgeschlossen bleiben. Der *Höcherl*-Entwurf erreichte jedoch nicht die notwendige verfassungsändernde Mehrheit bei der Schlußabstimmung am 24. Juni 1965[61].

a) Die parlamentarischen Beratungen

Der Deutsche Bundestag behandelte den Entwurf in erster Lesung am 24. Januar 1963[62]. Bundesinnenminister *Höcherl* wies in seiner Einbringungsrede darauf hin, daß hinsichtlich des Zivildienstes der Frauen deren Weseneigenheiten in hohem Maße Rechnung getragen werde. Dazu führte er aus[63]:

„Ich komme damit zu dem Problem: Zivildienst der Frauen. Um allen Mißverständnissen und Mißdeutungen von vornherein zu begegnen, möchte ich dabei ausdrücklich feststellen, daß selbstverständlich in keiner Weise an irgendeine Art von militärischem Dienst der Frauen gedacht ist. Der Entwurf trägt den besonderen Weseneigenheiten der Frau durch Möglichkeiten der Freistellung und Zurückstellung in einem Maße Rechnung, das weit über das in den vergleichbaren Regelungen anderer Länder Vorgesehene hinausgeht. Vor allem galt unsere Sorge dabei dem Schutz der Familie und der Mutterschaft."

Der Abgeordnete des Deutschen Bundestages, *Dr. Schäfer* (SPD), verlangte eine genaue Abgrenzung des Begriffs „Streitkräfte"[64]:

„Aber ernste Bedenken, meine Damen und Herren, bestehen dagegen, die Verfassungsergänzung von 1956, die das Verbot des Einsatzes von Frauen im Rahmen der Streitkräfte vorsah, nun praktisch wieder aufzuheben. Das wird nicht gehen. Man wird die Frage ernsthaft prüfen müssen. Wer bei der Bundeswehr eintritt und dort Dienst tut, kann nicht einfach über Nacht davonlaufen; das wird nicht möglich sein. Aber eine Verpflichtung von Frauen zur Dienstleistung im Rahmen der Streitkräfte, meine Damen und Herren, werden Sie nicht wollen. Dann müssen Sie abgrenzen, was Sie unter „Streitkräften" verstehen, und festlegen, ob z. B. die Wehrbezirkskommandos oder Verwaltungsstellen gemeint sein sollen; bei diesen wird man zweifellos darüber reden können."

Der Rechtsausschuß begann mit seinen Beratungen in der 50. Sitzung am 2. Mai 1963. Fragen der Einschränkung des Art. 12 Abs. 3 GG a. F. mit

---

[61] 192. Sitzung des 4. Deutschen Bundestages am 24. Juni 1965, Stenographischer Bericht S. 9687 ff., 9737 f.; vgl. *Menzel* (FN 43), S. 8, 12, 15; *K. Ipsen / J. Ipsen* (FN 8), S. 3 bis 8; *Stern* (FN 22), S. 1303 ff.

[62] Stenographischer Bericht der 56. Sitzung des 4. Deutschen Bundestages am 24. Januar 1963, S. 2477 ff.

[63] Ebenda, S. 2479 C.

[64] Ebenda, S. 2509 A.

3. BGS: „Dienst mit der Waffe" i. S. v. Art. 12a Abs. 4 Satz 2 GG?

dem Ziel, Frauen zum waffenlosen Dienst in den Streitkräften zu verpflichten, wurden in der 62. und 63. Sitzung am 10. bzw. 16. Oktober 1963 erörtert. Dabei ging es in erster Linie darum, die in Friedenszeiten innerhalb der Bundeswehr in der Krankenpflege, im Fernmelde-, Stabs-, Schreib-, Flugsicherungs- oder Verwaltungsdienst, aber auch als Tabelliererinnen im Materialbeschaffungswesen oder als Dolmetscherinnen beschäftigten über 30 000 Frauen in Kriegszeiten „festhalten" und darüber hinaus weiteres weibliches Personal verpflichten zu können. Der Abgeordnete des Deutschen Bundestages, *Dr. Schäfer* (SPD), regte hierzu an, statt einer Grundgesetzänderung den Streitkräftebegriff aufzugliedern[65]. Frauen könnten dann in Funktionen eingesetzt werden, die nicht den mobilen (NATO) Streitkräften zugehörten. Er könne sich nicht vorstellen, daß es in Feldverbänden Aufgaben gebe, die von Frauen erfüllt werden könnten[66]. Der Vertreter des Bundesministers der Verteidigung hielt dem entgegen[67]:

„Man habe zwei Säulen: die Streitkräfte und die Bundeswehrverwaltung. Die Bundeswehrverwaltung sei hier uninteressant, weil sie bestimmt nicht unter den Begriff „Verband der Streitkräfte" falle. Auch das Verteidigungsministerium gehöre nicht zu den Streitkräften.

Das Problem bestehe darin, den Begriff „im Verband der Streitkräfte" aufzugliedern. Es wäre möglich, zu sagen, daß Frauen im Verband der Streitkräfte mit Ausnahme der Territorialverteidigung nicht Verwendung finden dürften. Damit würden die NATO-Verbände ausscheiden. Aber man wolle ja auch in der Territorialverteidigung Frauen keineswegs überall verwenden, z. B. nicht im Schreibdienst bei einem schweren Pionierbataillon. Die Unterscheidung zwischen NATO und TV wäre also keine glückliche Lösung. Umgekehrt würde man, wenn man die NATO-Verbände völlig ausschließen wollte, damit auch die Verwendung von Schwestern in stationären Lazaretten oder Feldlazaretten ausschließen. Von Freiwilligen spreche er jetzt gar nicht; er gehe vielmehr von der Prämisse aus, daß man ohne Freiwillige nicht auskomme. Man müsse die Frage stellen, ob man es verantworten könne, eine deutsche Schwester in einem deutschen Lazarett in Frankreich nur freiwillig heranziehen zu dürfen, oder ob man sie im Kriege notfalls auch dorthin verpflichten wolle. Diese Frage müsse entschieden werden.

Der Vertreter des Verteidigungsministeriums schlägt vor, zu einer anderen Begrenzung zu kommen, indem man auf die Verwendung abstelle. Man sollte vorschreiben, daß Frauen nur im Krankendienst, d. h. im Lazarettdienst, im

---

[65] Protokoll der 62. Sitzung des Rechtsausschusses am 10. Oktober 1963, S. 61, 64; Protokoll der 63. Sitzung des Rechtsausschusses am 16. Oktober 1963, S. 10, 13.
[66] Protokoll der 63. Sitzung des Rechtsausschusses am 16. Oktober 1963, S. 13.
[67] Ebenda, S. 15.

Stabs- und Verwaltungsdienst und im Versorgungsdienst verwendet werden dürften, um klarzustellen, daß sie nicht nur für den Dienst mit der Waffe, sondern überhaupt für einen waffenähnlichen Einsatz oder in Kampfverbänden nicht in Frage kämen."

Diesem Vorschlag entsprechend wurde in der 106. Sitzung des Rechtsausschusses am 3. Dezember 1964 folgende Formulierung diskutiert[68]:

„(3) Frauen dürfen zu einer Dienstleistung im Verband der Streitkräfte nur herangezogen werden, soweit es sich um Dienstleistungen auf dem Gebiet des Sanitäts-, des Fernmelde- und des Versorgungswesens sowie im Verwaltungs- und Stabsdienst handelt. Eine Heranziehung zu Dienstleistungen in Feldverbänden ist ausgeschlossen.

(4) Zu einem Dienst mit der Waffe dürfen Frauen in keinem Falle verwendet werden."

Die Fassung wurde von den Fraktionen der SPD und F.D.P. unter Hinweis auf das umfassende Verpflichtungsverbot des Art. 12 Abs. 3 GG a. F. abgelehnt, ebenso wie eine für die 111. Sitzung am 14. Januar 1965 geänderte Formulierung, die ebenfalls die Zwangsverpflichtung vorsah[69].

Nicht umstritten war dagegen die Möglichkeit freiwilliger Dienstleistung von Frauen im Verband der Streitkräfte[70]:

„Abg. *Dr. Schäfer* (SPD), Korreferent, schließt aus der jetzigen Fassung des Abs. 3 (... dürfen nicht ... durch Gesetz verpflichtet werden ...), daß sie sich freiwillig zur Dienstleistung bei der Verwaltung, im Fernmelde- und Stabsdienst melden können."

In der 113. Sitzung am 20. Januar 1965 berichtete Bundesverteidigungsminister *von Hassel* dem Rechtsausschuß zu Problemen des Fraueneinsatzes im Notstand[71]. Die Diskussion konzentrierte sich auf die Organisation der Sanitätsversorgung, insbesondere auf eine Trennung zwischen zivilen Krankenhäusern und militärischer Versorgung[72], und auf die Verpflichtung von Frauen aufgrund freiwilliger Meldung[73].

In der 136. Sitzung am 26. Mai 1965 billigte der Ausschuß mit 14 Stimmen bei einer Enthaltung die folgende Fassung[74]:

---

[68] Protokoll S. 38f.
[69] Protokoll S. 31.
[70] Protokoll der 106. Sitzung des Rechtsausschusses am 3. Dezember 1964, S. 42.
[71] Protokoll S. 3f.
[72] Ebenda, S. 7ff.
[73] Ebenda, S. 12f., 17.
[74] Anlage 1 zum Protokoll.

3. BGS: „Dienst mit der Waffe" i. S. v. Art. 12a Abs. 4 Satz 2 GG?

„(3) Zum Zivildienst im Verband der Streitkräfte dürfen Frauen nicht gegen ihren Willen herangezogen werden.

(4) Zu einem Dienst mit der Waffe dürfen Frauen in keinem Fall verwendet werden."

Im Schriftlichen Bericht heißt es dazu[75]:

„Der Rechtsausschuß hat sich mit der Frage der Dienstverpflichtung von Frauen im Verband der Streitkräfte ausführlich beschäftigt. Im Verlaufe der Beratungen hat sich herausgestellt, daß eine Mehrheit des Rechtsausschusses nicht bereit war, einer Änderung des Artikels 12 Abs. 3 GG zuzustimmen. Das Bundesministerium der Verteidigung hat gegen die Beibehaltung des gegenwärtigen Rechtszustandes erhebliche Bedenken im Hinblick darauf geäußert, daß nach seiner Auffassung die gegenwärtigen und zukünftigen freiwilligen Meldungen wahrscheinlich nicht ausreichen würden, um den vorhandenen Personalbedarf an Frauen im Verband der Streitkräfte zu decken. Eine ähnliche Auffassung hat auch der Verteidigungsausschuß mit Mehrheit in seiner Stellungnahme zu den Beschlüssen des Rechtsausschusses vertreten. Die Bundesregierung hat aber im Verlauf der Beratungen im Rechtsausschuß ihren ursprünglichen Vorschlag, Artikel 12 Abs. 3 zu ändern, nicht aufrechterhalten, nachdem sich herausgestellt hatte, daß sie für diese Auffassung nicht die Unterstützung der Mehrheit des Ausschusses finden würde, jedoch wiederholt zum Ausdruck gebracht, daß nach ihrer Auffassung die Erfahrungen der Zukunft voraussichtlich zeigen würden, daß die Beibehaltung der bisherigen Regelung nicht ausreichend sein würde. Bei den Beratungen des Rechtsausschusses ist die Notwendigkeit anerkannt worden, weitere Erfahrungen hinsichtlich der Frage zu sammeln, ob die gegenwärtige Rechtslage zur Befriedigung des Personalbedarfs der Bundeswehr ausreicht. Nach dem Ergebnis dieser Erfahrungen sollen ggf. zu einem späteren Zeitpunkt diese Fragen erneut erörtert werden."

Auch im Plenum wies der Berichterstatter, der Abgeordnete des Deutschen Bundestages, *Benda* (CDU), noch einmal darauf hin, daß es „keine Möglichkeit gibt, Frauen im Verband der Streitkräfte gegen ihren Willen dienstzuverpflichten"[76].

b) Zwischenergebnis

Über die bislang bereits genannten Beispiele der Verwendung weiblicher Soldaten hinaus ergeben sich aus den Beratungen in der vierten Legislaturperiode keine zusätzlichen Erkenntnisse. Dies liegt daran, daß

---

[75] *Zu* Drucksache 4/3494.

[76] Stenographischer Bericht der 190. Sitzung des 4. Deutschen Bundestages am 16. Juni 1965, S. 9529 D.

im wesentlichen die Frage erörtert wurde, ob eine Zwangsverpflichtung zu den Streitkräften eröffnet werden solle. Das Beibehalten des Verbots, Frauen zum Dienst mit der Waffe zu verwenden, war nicht umstritten.

3.2.5 Fünfte Wahlperiode 1965 - 1969 („Notstandsverfassung")

In der fünften Wahlperiode wurde die Frage einer Notstandsregelung mit dem sog. *Lücke*-Entwurf wieder aufgegriffen[77] und am 30. Mai 1968 mit der Annahme des 17. Gesetzes zur Ergänzung des Grundgesetzes durch den Deutschen Bundestag zum Abschluß gebracht[78].

Der Regierungsentwurf sah für Frauen keine Dienstpflicht vor. Die freiwillige Tätigkeit von Frauen in den Streitkräften verband er – wie bisher – mit dem Verbot, Dienst mit der Waffe zu leisten. Auf dieser Linie bewegte sich auch ein Entwurf der F.D.P., in dessen Begründung es hinsichtlich der Verwendung von Frauen heißt[79]:

„Sie (i. e. eine Frau; Anm. des Verf.) kann außerdem nicht gehindert werden, im Verbande der Streitkräfte eine Tätigkeit aufzunehmen, sich in diesem Bereich z. B. als Krankenschwester oder Technikerin zu verpflichten. Es ist ihr nach schon jetzt geltendem Recht allerdings verwehrt, Dienst an der Waffe zu leisten."

Die Arbeitsverpflichtung für Frauen wurde zu einem wesentlichen Thema der mit Blick auf Art. 12 GG im Plenum wie in den Ausschüssen geführten Diskussionen[80]. Der Sachverständige *Professor Dr. Bettermann* führte hierzu in der 2. öffentlichen Informationssitzung am 16. November 1967 aus[81]:

„Ich sehe nicht ein, warum die Frauen vom staatlichen Arbeitseinsatz ausgenommen werden sollten. Dafür gibt es weder rechtliche noch sachliche Gründe. Die sachliche Grenze wird in dem natürlich aufrechtzuerhaltenden Verbot erreicht, Frauen mit der Waffe einzusetzen. Von mir aus kann man dieses Verbot

---

[77] Bundestags-Drucksache 5/1879.
[78] Vgl. dazu *Menzel* (Fn 43), S. 15 - 19; *K. Ipsen / J. Ipsen* (FN 8), S. 8 - 11; *E. Lohse / E. Contag*, Das 17. Gesetz zur Ergänzung des Grundgesetzes, Beilage zum Bundesanzeiger, Ausgabe Nr. 228 vom 6. Dezember 1968, S. 3 f., 14 - 17.
[79] Bundestags-Drucksache 2/2130, S. 7.
[80] Vgl. die Stenographischen Berichte über die 117. und 174. Sitzung des 5. Deutschen Bundestages am 29. Juni 1967 bzw. am 15. Mai 1968, S. 5896 f., 5899 f., 9341 ff.
[81] Protokoll des Rechtsausschusses Nr. 57 = Protokoll des Innenausschusses Nr. 73, S. 13.

3. BGS: „Dienst mit der Waffe" i.S.v. Art. 12a Abs. 4 Satz 2 GG? 49

auch noch weiter nach vorne legen. Ich bin sehr dafür, daß Frauen nicht zu Diensten herangezogen werden, die paramilitärisch sind, obwohl es ja nicht nur in Deutschland, sondern auch in anderen Staaten solchen paramilitärischen Frauendienst gibt. Wo Sie die Grenze ziehen, ist nicht so wichtig. Wichtig ist, daß es meines Erachtens mit dem Prinzip des Art. 3 des Grundgesetzes unvereinbar ist, daß Sie die Frauen von der Möglichkeit der Dienstverpflichtung nach Abs. 2 schlechthin ausnehmen[82]."

Die Abgeordnete des Deutschen Bundestages, *Frau Diemer-Nicolaus* (F.D.P.), fragte in derselben Anhörung[83]:

„Wäre es jetzt nicht durchaus möglich, mit derartigen freiwilligen Bereitschaftserklärungen erst einmal festzustellen, wieweit denn die Frauen und Mädchen, die im Verband der Streitkräfte arbeiten, sei es als Telefonistinnen, sei es im technischen Dienst, in der Verwaltung oder sonstwo, überhaupt bereit sind, auch in einem Verteidigungsfall an ihren Stellen zu bleiben? Würden Sie das nicht für ein geeignetes Mittel halten?"

Der Sachverständige *Dr. Fromm* (Arzt) erwähnte als nichtmilitärische Tätigkeitsbereiche Laboratorien und Blutbank[84]:

„Daß Frauen nicht zum allgemeinen Wehrdienst bzw. als Ärztinnen zum Dienst bei der Truppe herangezogen werden, halte ich für selbstverständlich. Ihre Mitarbeit aber im Dienste der Versorgung der Bevölkerung ist notwendig und je nach Art der Aufgabenstellung schlechthin unentbehrlich. Ich kann mir sogar vorstellen, daß in Krankenhäusern, etwa in Heimatlazaretten, durchaus Bereiche vorhanden sind, die den Einsatz einer Frau gestatten. Ich darf als Beispiel nennen Laboratorien oder Blutbank oder so etwas. Ich sehe nicht, daß in der Arbeit als solcher ein militärischer Charakter liegt."

In der 71. Sitzung des Rechtsausschusses am 15. Februar 1968 warf der Abgeordnete des Deutschen Bundestages, *Dr. Reischl* (SPD), die Frage auf, inwieweit die Möglichkeit des Einsatzes von Frauen in Wirklichkeit bestehe[85]. Diese Frage wurde in der weiteren Aussprache jedoch übergangen. Die Diskussionsbeiträge beschäftigten sich mit der Verwendung

---

[82] Die eher beiläufige Bemerkung über „paramilitärische Frauendienste" in Deutschland dürfte sich wohl auf entsprechende Einheiten in der DDR beziehen; vgl. auch die Bemerkung der Abgeordneten des Deutschen Bundestages, *Haasler* (Gast CDU/CSU) und *Rehs* (SPD), in der Sitzung des Rechtsausschusses am 6. Februar 1956, s. oben, Text nach Fußnote 51, sowie die der Abgeordneten des Deutschen Bundestages, *Frau Dr. Schwarzhaupt* (CDU/CSU), s. oben, Text zu Fußnote 57.

[83] Protokoll (FN 81), S. 33.

[84] Anhörung am 14. Dezember 1967, Protokoll des Rechtsausschusses Nr. 62, S. 84.

[85] Protokoll S. 5.

von Frauen in der Krankenpflege und im Sanitätswesen, so auch in der 78. Sitzung des Rechtsausschusses am 28. März 1968[86]. Im Vordergrund stand dabei die Frage nach der Sicherheit des Hilfspersonals (medizinisch-technische Assistentinnen, Röntgenassistentinnen, Apothekerhelferinnen, Zahnarzthelferinnen etc.) in den Lazaretten.

Der Rechtsausschuß gestaltete den Regierungsentwurf schließlich zu einem eigenen Entwurf um. Dieser sah für alle verteidigungsgerichteten Dienstpflichten einen neuen Art. 12a GG vor, der für Frauen eine beschränkte Dienstleistungspflicht im Rahmen der Streitkräfte enthielt und Art. 12 Abs. 3 Satz 2 GG a. F. inhaltlich übernahm. Der Abgeordnete des Deutschen Bundestages, *Dr. Reischl* (SPD), ging noch einmal auf die Entwicklung dieser Vorschrift ein[87]:

„Abg. *Dr. Reischl* (SPD) weist noch einmal auf die Entwicklung dieser Bestimmungen hin. Ursprünglich habe es geheißen, Frauen dürften nicht zu Dienstleistungen im Verband der Streitkräfte herangezogen werden. Damals habe man bei der Abfassung des Textes vorwiegend an die „Blitzmädchen" gedacht, die in Uniform innerhalb der Streitkräfte Dienst tun mußten, nicht aber an die Schwestern. Diese hätte man aber, wenn deren Einsatz 1955/56 ernsthaft diskutiert worden wäre, sicherlich miterfassen wollen. Natürlich wäre dann dabei nicht an mobile Lazarette im Verband der Streitkräfte gedacht worden, sondern an den Einsatz in feststehenden Lazaretten, die man ‚militärische Krankenhäuser' nennen könnte. Auch diese könnten allerdings überrollt werden, und deshalb müsse man bemüht sein, den weitgehendsten Schutz für diese Frauen zu erreichen."

Zu Art. 12a Abs. 4 Satz 2 GG gab es nur eine kurze Aussprache[88]. Im Schriftlichen Bericht des Rechtsausschusses heißt es dazu[89]:

„Absatz 4 sieht auch für Frauen eine freilich auf die Verwendung im Sanitäts- und Heilwesen beschränkte Möglichkeit einer Verpflichtung in neu zu begründende Arbeitsverhältnisse vor. Absatz 4 übernimmt weiter – mit einer rein sprachlich bedingten Neuformulierung – Satz 2 des Absatzes 3 der geltenden Fassung des Artikels 12, während dessen erster Satz als durch die neue Regelung überholt entfällt."

---

[86] Protokoll S. 15 ff.
[87] Ebenda, S. 21.
[88] Ebenda.
[89] Bundestags-Drucksache 5/2873, S. 5.

3.2.6 Zusammenfassung

Aus der Entstehungsgeschichte zu Art. 12a Abs. 4 Satz 2 GG wird man insgesamt den Schluß ziehen können, daß Anhaltspunkte für eine eventuelle Geltung außerhalb der Streitkräfte jedenfalls nicht ersichtlich sind.

So ergibt sich aus den Beratungen des Parlamentarischen Rates, daß hier „Dienst mit der Waffe" einhellig als „Kriegsdienst mit der Waffe" innerhalb der Streitkräfte verstanden wurde. Darunter wurden solche Tätigkeiten im Verband der Streitkräfte subsumiert, die ohne weiteres auf die Vernichtung des militärischen Gegners gerichtet sind. Mittelbare, dem Kriegsdienst nur förderliche Tätigkeiten sollten diesem Begriff nicht zugeordnet werden.

In der zweiten Wahlperiode des Deutschen Bundestages, 1953 - 1957, in der die Dienstleistung von Frauen im Bereich der Streitkräfte ausführlich erörtert wurde, ging man davon aus, daß ihnen im wesentlichen Büro-, Sanitäts- und vergleichbare Aufgaben zugewiesen würden. Frauen sollten vor Gefahren geschützt und von unmittelbaren Kampfhandlungen ferngehalten werden. Es wurde erwogen, für Frauen auch den freiwilligen Dienst bei den Streitkräften zu untersagen. Er wurde schließlich – ohne Waffe – zugelassen, selbst auf die Gefahr hin, daß Frauen mittelbar von militärischen Aktionen in Mitleidenschaft gezogen werden (wenn z.B. ein Lazarett angegriffen bzw. „überrollt" werden sollte).

Aus den Beratungen in den übrigen Wahlperioden ergeben sich keine weiterführenden Erkenntnisse. Insgesamt ergibt sich allerdings die Einschätzung, daß über Inhalt, Reichweite und Grenzen des Begriffes „Dienst mit der Waffe" schon in den parlamentarischen Beratungen keine präzisen Vorstellungen bestanden. Soviel dürfte sich jedoch sagen lassen, daß bei der Auslegung von Art. 12a Abs. 4 Satz 2 GG auf einen „Gleichklang" mit der Interpretation des Art. 4 Abs. 3 Satz 1 GG zu achten ist und darüber hinaus keine Notwendigkeit besteht, die Begriffe „Waffe" und „Dienst mit der Waffe" weit auszulegen oder gar Art. 12a Abs. 4 Satz 2 GG auch für Bereiche außerhalb der Streitkräfte anzuwenden.

3.3 Der Streitkräftebegriff des Grundgesetzes

Bei den „Streitkräften" wiederum handelt es sich nach ganz herrschender Ansicht unzweifelhaft um das „in der Bundeswehr organisierte militärische Instrument der Bundesrepublik Deutschland"[90].

Dies sind die militärischen Leitungsverbände, die in besonderer Weise ausgerüstet und nach den Grundsätzen von Befehl und Gehorsam organisiert sind sowie grundsätzlich dem Schutz des Staates gegen Angriffe von außen dienen, arg. Art. 12a, 73 Nr. 1, Art. 87a, 115a[91].

Innerhalb der Bundeswehr sind mit „(Kriegs-)Dienst mit Waffen" solche Tätigkeiten gemeint, die in einem nach dem Stand der jeweiligen Waffentechnik unmittelbaren Zusammenhang zum Einsatz von Kriegswaffen stehen[92].

Die – soweit ersichtlich – einzige (nur in der Begründung abweichende) Gegenstimme stellt darauf ab, daß der Begriff „Streitkräfte" in Art. 87a Abs. 1 Satz 1 GG „funktional und formal so zu verstehen (sei) als derjenige Teil der zur Gewährleistung der äußeren Sicherheit der Bundesrepublik geschaffenen Kombattanten-Verbände, der nach Art. 65a unter der Befehls- und Kommandogewalt des BMVg (bzw. des BKanzlers nach Art. 115b) steht (...)"[93]. Dies führt wegen der funktionalen Beschränkung auf die „Gewährleistung der äußeren Sicherheit" durch die Streitkräfte einerseits sowie andererseits des Verbleibs des BGS unter der Befehls- und Kommandogewalt des Bundesministers des Innern auch im Verteidigungsfall (§ 64 Abs. 1 Satz 2 BGSG i.V.m. Art. 65 Satz 2 GG) sowie seiner Beschränkung weiterhin auf rein polizeiliche Rechtsgrundlagen und Aufgaben (§ 64 Abs. 2 BGSG)[94] praktisch zum selben Ergebnis wie dem der zuvor genannten ganz herrschenden Meinung[95].

---

[90] So *K. Ipsen / J. Ipsen* (FN 8), Rn 194; vgl. im übrigen statt vieler *Stern* (FN 22), S. 862 m.w.N. in Fußnote 82.

[91] Vgl. BVerfGE 28, 36, 47; 48, 127, 159f.; 69, 121f.; *Stern*, ebenda; dieser Begriff dürfte z.B. auch der sog. C-Waffen-Entscheidung des BVerfG zugrunde liegen, Beschluß vom 29. Oktober 1987 – 2 BvR 624/83 u.a. –, Umdruck, S. 50ff.

[92] Vgl. BVerfGE 69, 1, 56; BVerwGE 72, 241, 242.

[93] *Karl-Andreas Hernekamp*, Art. 87a, in: Ingo von Münch (Hrsg.), Grundgesetz-Kommentar, Bd. 3, 2. Aufl. 1983, Rn 6.

[94] Vgl. *Stern* (FN 22), S. 1415; *Roman Herzog*, Art. 115f, in: Maunz / Dürig, Stand 1970, Rn 15, der dies noch unter Geltung des Vorläufers von § 64 BGSG, § 2b BGSG a.F. in der Fassung vom 11. Juli 1965, BGBl. I S. 603, ausdrücklich

3. BGS: „Dienst mit der Waffe" i. S. v. Art. 12 a Abs. 4 Satz 2 GG?

Nach keiner Ansicht dürften daher die bewaffneten Einheiten von BGS und Polizei zu den Streitkräften i. S. d. Grundgesetzes gehören. Sie sind nicht Teil der Bundeswehr und unterstehen einer anderen Leitungsgewalt, als es Art. 65 a und Art. 115 b GG hinsichtlich der Streitkräfte vorsehen[96].

Somit dürfte außer Streit stehen, daß der BGS jedenfalls in Friedenszeiten nicht Teil der Streitkräfte ist. Daher sind hinsichtlich einer freiwilligen Verwendung von Frauen für jeglichen Dienst innerhalb des BGS in Friedenszeiten Bedenken aus Art. 12 a Abs. 4 Satz 2 GG nicht ersichtlich, es sei denn, im V-Falle gelte eine andere Rechtslage mit der eingangs genannten Vorwirkung sogar auf die (heutige) Ausbildungssituation in Friedenszeiten (s. o. I).

3.4 BGS: Teil der Streitkräfte im Kriegsfall?

Ob die Ausgangsfrage im *Verteidigungsfall* anders zu beurteilen ist, hängt davon ab, ob entgegen der für Friedenszeiten soeben dargestellten Rechtslage der BGS dann doch zu einem Teil der Streitkräfte wird und sich mithin das Verbot des Waffendienstes in Art. 12 a Abs. 4 Satz 2 GG dann möglicherweise auch auf die in § 64 Abs. 1 Satz 1 BGSG genannten Teile des BGS bezieht.

---

hervorhob; ebenso *Knut Ipsen,* Art. 87 a, in: Bonner Kommentar, Stand 1969, Rn 61 ff.; zur Kontroverse um die Bewaffnung des BGS im Verteidigungsfall vgl. *Herzog,* a. a. O., Rn 116 ff. m. w. N.; a. A. hinsichtlich der Beschränkung auf ausschließlich polizeiliche Rechtsgrundlagen wohl *Fischer* (FN 7), Rn 27 (vgl. dazu unten, Fußnote 122).

[95] Vgl. die Nachweise in Fußnote 90.

[96] Vgl. *K. Ipsen / J. Ipsen* (FN 8), Rn 200; dies schließt nicht aus, daß im Kriegsfall das Völkerrecht bestimmte nichtmilitärische Verbände als Teil der „bewaffneten Macht" versteht und ihnen den Status von Kombattanten zuweist, vgl. Art. 1 bis 3 der Anlage zum Abkommen betreffend die Gesetze und Gebräuche des Landkrieges – Haager Landkriegsordnung (HLKO) – vom 18. Oktober 1907 (RGBl. 1910 S. 107, 132) i. V. m. Art. 13 des I. Genfer Abkommens zur Verbesserung des Loses der Verwundeten und Kranken der Streitkräfte im Felde (BGBl. II 1954 S. 781, 783), Art. 13 des II. Genfer Abkommens zur Verbesserung des Loses der Verwundeten, Kranken und Schiffbrüchigen der Streitkräfte zur See (BGBl. II 1954 S. 813) sowie Art. 4a des III. Genfer Abkommens über die Behandlung der Kriegsgefangenen (BGBl. II 1954 S. 838), jeweils vom 12. August 1949; vgl. auch *Stern* (FN 90); *K. Ipsen* (FN 94), Rn 61 ff.; *derselbe,* in: Eberhard Menzel / Knut Ipsen, Völkerrecht, 2. Aufl. 1979, S. 542; *Einwag / Schoen* (FN 7), § 42 Rn 9, § 64 Rn 8; zur HLKO vgl. auch *Rudolf Laun,* Haager Landkriegsordnung, 1948, S. 12 ff.

3.4.1 Auswirkung des Kombattantenstatus

Anlaß zu einer möglicherweise differenzierenden Beurteilung gibt § 64 BGSG. Seine amtliche Überschrift lautet „Kombattantenstatus"[97]. In § 64 Abs. 1 Satz 1 BGSG bringt das nationale (einfache) Recht zum Ausdruck, daß die dort genannten Bereiche des BGS mit dem Beginn eines bewaffneten Konflikts Teil der bewaffneten Macht der Bundesrepublik Deutschland i.S.v. Art. 3 Satz 1 der Haager Landkriegsordnung[98] sind[99]. Die Schaffung und Existenz einer derartigen nationalen Regelung steht im Einklang mit dem – zwischen Männern und Frauen *nicht* unterscheidenden – Völkerrecht, wonach die Organisation der jeweiligen Streitkräfte im Frieden wie im Krieg dem Belieben der einzelnen Staaten überlassen bleibt[100].

Fraglich ist jedoch, ob und, wenn ja, welche Auswirkungen diese völkerrechtlich orientierte, einfachgesetzliche Zuordnung des BGS für das nationale Verfassungsrecht hat. Von einer solchen verfassungsrechtlich relevanten Auswirkung kann jedoch auch unter Berücksichtigung der Entstehungsgeschichte von § 64 Abs. 1 Satz 1 BGSG bzw. seines Vorgängers, § 2b BGSG a.F.[101], nicht ausgegangen werden.

a) Völkerrechtliche Vorgaben

Art. 3 Satz 1 der Haager Landkriegsordnung unterscheidet zwei Gruppen innerhalb der „bewaffneten Macht", nämlich diejenigen Angehörigen der Streitkräfte, die zum Kampf (einschließlich der Führung des Kampfes) bestimmt sind, und Personen, die zwar nach jeweiligem nationalem Recht auch zu den Streitkräften gehören und Uniform tragen (z.B. Sanitäts- und Seelsorgepersonal, Beamte der Streitkräfte, Angehörige der Wehrgerichtsbarkeit, sog. Gefolge), aber nicht zum Kampf bestimmt sind[102].

---

[97] BGBl. I 1972, S. 1845.
[98] RGBl. 1910 S. 107, 132.
[99] Vgl. *Einwag / Schoen* (FN 7), § 64 Rn 6; vgl. auch den Bericht des Ausschusses für Inneres (im folgenden: Innenausschuß) vom 16. März 1965, Bundestags-Drucksache 4/3200, S. 2, zu Nr. III. 2. a) bis d).
[100] Vgl. *Friedrich Berber*, Lehrbuch des Völkerrechts, Bd. 2, 2. Aufl. 1969, S. 143; *Armin A. Steinkamm*, Art. „Kombattanten", in: Ignaz Seidl-Hohenveldern (Hrsg.), Lexikon des Völkerrechts, 1985, S. 151; vgl. oben, Fußnote 15.
[101] Gesetz vom 11. Juli 1965, BGBl. I S. 603.

Die Angehörigen der ersten Gruppe, also die aktiv kämpfenden Einheiten, werden von Art. 3 Satz 1 der Haager Landkriegsordnung als „Kombattanten", die letzteren als sog. „Nichtkombattanten" bezeichnet. Diese „Nichtkombattanten" nehmen regelmäßig nicht an Kampfhandlungen teil und dürfen auch insoweit nicht zum Ziel direkter Kampfhandlungen gemacht werden. Nur im Falle von Notwehr dürfen sie von der Waffe Gebrauch machen. Sie sind, soweit sie nicht als Verwundete, Kranke, Sanitätspersonal oder Geistliche ohnehin einen erhöhten Schutz durch die „Rotkreuzkonventionen" genießen[103], den „Kombattanten" der „bewaffneten Macht" gleichgestellt und haben Anspruch auf Behandlung als Kriegsgefangene, Art. 3 Satz 2 der Haager Landkriegsordnung[104].

Insofern besteht die „bewaffnete Macht" i.S.v. Art. 3 Satz 1 der Haager Landkriegsordnung und der genannten Genfer Konventionen[105] aus Angehörigen des aktiven Kriegsstandes, die an Kampfhandlungen aktiv teilnehmen dürfen, und aus denen des passiven Kriegsstandes, deren Kampfbeteiligung kriegsrechtlich nicht zulässig ist, die aber gleichwohl mit kriegsrechtlichen Privilegien ausgestattet sind. Nicht der bewaffneten Macht zugehörende Personen sind Angehörige der Zivilbevölkerung, die die kriegsrechtlichen Privilegien in den genannten Abkommen nicht genießen[106].

Ausweislich des Wortlauts von § 64 Abs. 1 Satz 1 BGSG sollen die dort genannten Teile des BGS jedenfalls nicht als Angehörige der Zivilbevölkerung gelten. Sie sollen vielmehr dem Teil der „bewaffneten Macht" zugerechnet werden, der – wenn auch nicht notwendig innerstaatlich – verfassungsrechtlich, so doch *kriegsvölkerrechtlich* (also aus der Sicht

---

[102] *Berber* (FN 100), S. 140; vgl. *denselben,* Die völkerrechtliche Stellung der Polizei in der Bundesrepublik, Gutachten, hrsg. vom Hauptvorstand der Gewerkschaft öffentliche Dienste, Transport und Verkehr, 1963, S. 6f., 9ff.; *Steinkamm* (Fn 100); *K. Ipsen* (FN 94), Rn 65; *Alfred M. De Zayas,* Art. „Combatants", in: Max Planck Institute for Comparative Public Law and International Law (Hrsg.), Encyclopedia of Public International Law, Amsterdam, New York, Oxford, 1982, S. 117ff.; *Ignaz Seidl-Hohenveldern,* Völkerrecht, 5. Aufl. 1984, Rn 1321.
[103] Vgl. dazu ausführlich BVerwGE 72, 241, 247ff.; *Wilhelm Kewenig,* Die Polizei und die Genfer Rotkreuz-Abkommen, DRK-Schriftenreihe 47, Abt. Recht, 1969, Heft 7, S. 31ff.
[104] Vgl. die Nachweise in Fußnote 102.
[105] Siehe oben, Fußnote 96.
[106] Vgl. die Nachweise in Fußnote 102.

feindlicher Kombattanten) – berechtigt ist, an militärischen Kampfhandlungen aktiv teilzunehmen.

Eine – erstmalige – vertragsrechtliche Definition der Begriffe „Streitkräfte" und „Kombattant" enthält das von der Bundesrepublik Deutschland am 23. Dezember 1977 gezeichnete, aber noch nicht ratifizierte erste Zusatzabkommen zu den Genfer Konventionen vom 8. Juni 1977 (sog. Protokoll I)[107]. Der hier entscheidende Artikel 43 lautet unter der Überschrift „Streitkräfte"[108]:

> „(1) Die Streitkräfte einer am Konflikt beteiligten Partei bestehen aus der Gesamtheit der organisierten bewaffneten Verbänden, Gruppen und Einheiten, die einer Führung unterstehen, welche dieser Partei für das Verhalten ihrer Untergebenen verantwortlich ist; dies gilt auch dann, wenn diese Partei durch eine Regierung oder ein Organ vertreten ist, die von einer gegnerischen Partei nicht anerkannt werden. Diese Streitkräfte unterliegen einem internen Disziplinarsystem, das unter anderem die Einhaltung der Regeln des in bewaffneten Konflikten anwendbaren Völkerrechts gewährleistet.
>
> (2) Die Angehörigen der Streitkräfte einer am Konflikt beteiligten Partei (mit Ausnahme des in Artikel 33 des III. Abkommens bezeichneten Sanitäts- und Seelsorgepersonals) sind Kombattanten, das heißt, sie sind berechtigt, unmittelbar an Feindseligkeiten teilzunehmen.
>
> (3) Nimmt eine am Konflikt beteiligte Partei paramilitärische oder bewaffnete Vollzugsorgane in ihre Streitkräfte auf, so teilt sie dies den anderen am Konflikt beteiligten Parteien mit."

Die Definition der „Streitkräfte" in Art. 43 Abs. 1 Protokoll I knüpft inhaltlich offensichtlich an die entsprechenden Grundsätze des Völkergewohnheitsrechts an[109]. Ein möglicherweise bemerkenswerter Unter-

---

[107] Abdruck der vom Eidgenössischen Politischen Departement am 26. September 1977 beglaubigten und veröffentlichten Fassung findet sich bei *Michael Bothe / Knut Ipsen / Karl Josef Partsch*, Die Genfer Konferenz über humanitäres Völkerrecht, Zeitschrift für ausländisches öffentliches Recht und Völkerrecht, Bd. 38 (1978), S. 1, 86 ff.; Abdruck der bei Unterzeichnung der Protokolle von der Bundesrepublik Deutschland abgegebenen Erklärung findet sich ebenda, S. 156; weiterer Abdruck im Entwurf eines Ratifizierungsgesetzes der GRÜNEN vom 23. September 1983, Bundestags-Drucksache 10/406; zum Hintergrund vgl. Stenographischer Bericht der 236. Sitzung des 10. Deutschen Bundestages am 3. Oktober 1986, S. 18 283 ff.; zur Entstehungsgeschichte von Protokoll I vgl. den Bericht von *Bothe / K. Ipsen / Partsch*, a.a.O., S. 1 ff.

[108] Vgl. Bundestags-Drucksache 10/406, S. 37.

[109] Vgl. dazu den Bericht des Innenausschusses (FN 99), S. 2, zu Nr. III. 2. a) bis d); *Heinz Knackstedt*, Staatsorgane als Kombattanten, Revue de droit pénal militaire et de droit de la guerre, 1965, S. 409, 423 ff.; *Stefan Schminck*, Die völker-

schied könnte u. U. darin gesehen werden, daß eine – auch nur periphere – Zuweisung von Aufgaben der Landesverteidigung o. ä. in dieser „völkerrechtlich konstitutiv wirkende(n) Streitkräftedefinition"[110] anscheinend nicht gefordert wird.

Dagegen ist nach Art. 43 Abs. 3 Protokoll I die sog. Notifikation zwingend, wenn paramilitärische oder bewaffnete Vollzugsorgane in die Streitkräfte aufgenommen und damit zu einem Teil der bewaffneten Macht i. S. v. Art. 3 Satz 1 der Haager Landkriegsordnung werden.

Daraus wird teilweise gefolgert, daß die Genfer Verhandlungen und ihre vorläufigen Ergebnisse die gesicherte Feststellung zuließen, wonach die weitaus überwiegende Staatenmehrheit den bereits geltenden völkergewohnheitsrechtlichen Grundsatz bestätigt habe, daß es der souveränen Entscheidung jedes Staates vorbehalten bleibe, ob er seine Polizei oder auch nur bestimmte Polizeiformationen seiner bewaffneten Macht eingliedere oder nicht; völkerrechtliche Wirksamkeit erlange die nationale Entscheidung durch Notifikation gegenüber dem Konfliktgegner oder gegenüber dem Dispositar kriegsvölkerrechtlicher Verträge[111]. Hierzu bemerken *Bothe, K. Ipsen* und *Partsch*[112], sämtlich Mitglieder der Regierungsdelegation der Bundesrepublik Deutschland auf der Genfer Konferenz, die Delegation der Bundesrepublik Deutschland „hatte auf dieser Regelung aus einer Reihe von Gründen bestanden – insbesondere deshalb, weil hierdurch einerseits (zumindest durch Gegenschluß) der zivile, nichtkombattante Status der Polizei gesichert ist und andererseits § 64 des Bundesgrenzschutz-Gesetzes (Kombattantenstatus des BGS im Falle eines internationalen Konflikts) Rechnung getragen werden kann".

Legale Kombattanten sind nach Art. 43 Abs. 2 Protokoll I danach ausschließlich[113] die Mitglieder der in Abs. 1 der nämlichen Vorschrift defi-

---

rechtliche und staatsrechtliche Problematik des Kombattantenstatus polizeilicher Formationen, Diss. Würzburg 1967, S. 138 ff.; *Knut Ipsen*, Kombattantenstatus oder völkerrechtlicher Sonderstatus der Polizei?, BGS-Zeitschrift des Bundesgrenzschutzes, 1976, Nr. 12, S. 6.

[110] *K. Ipsen* (FN 109), S. 6.

[111] *K. Ipsen* (FN 109), S. 6 f.; zu der seinerzeit ebenfalls streitigen Frage der völkerrechtlichen Wirkung evtl. Zweifel an der (innerstaatlichen) Verfassungsmäßigkeit einer solchen Eingliederung erklärt *Ipsen*, diese sei unerheblich; ebenso schon *Knackstedt* (FN 109), S. 439; *Schminck* (FN 109), S. 188 ff.; *Fischer* (FN 7), Rn 7.

[112] A.a.O. (FN 109), S. 32 f.

[113] Mit der herkömmlichen Ausnahme des Sanitäts- und Seelsorgepersonals; vgl. dazu oben, Text zu Fußnote 102.

nierten Streitkräfte der am bewaffneten Konflikt beteiligten Parteien[114]. Im Zusammenhang mit Art. 43 Abs. 3 Protokoll I erhellt daraus allerdings auch, daß der völkerrechtliche Ausdruck „Streitkräfte" bzw. der als Synonym benutzte Begriff „bewaffnete Macht" keineswegs kongruent sind mit dem innerstaatlichen, verfassungsrechtlich vorgegebenen Begriff der „Streitkräfte" in Art. 12a Abs. 1 i. V. m. Art. 87a Abs. 1 Satz 1 GG[115].

b) Zwischenergebnis

Die Zuordnung der in § 64 Abs. 1 Satz 1 BGSG benannten Teile des BGS zur „bewaffneten Macht der Bundesrepublik Deutschland" i. S. v. Art. 3 Satz 1 der Haager Landkriegsordnung bzw. zu den „Streitkräften" i. S. v. Art. 43 Abs. 1 Protokoll I mit Beginn eines Konflikts bedeutet somit für sich allein gesehen nicht, daß der BGS auch nach nationaler Verfassungsrechtslage Teil der Streitkräfte i. S. d. Grundgesetzes wird[116]. Die Zuordnung im letzteren Sinne wäre aber allein entscheidend für eine eventl. Anwendung von Art. 12a Abs. 4 Satz 2 GG auch auf die kombattanten Teile des BGS.

3.4.2 Auslegung von § 64 Bundesgrenzschutzgesetz

Im Hinblick auf den Begriff des „(Kriegs-)Dienstes mit der Waffe" i. S. v. Art. 12a Abs. 4 Satz 2 GG dürfte mithin weniger die Frage von Bedeutung sein, ob der BGS aus *kriegsvölkerrechtlicher* Sicht Teil der bewaffneten Macht der Bundesrepublik Deutschland ist bzw. sein kann[117]. Das Völkerrecht ist „verfassungsblind"[118]. Entscheidend ist viel-

---

[114] Vgl. *Bothe / K. Ipsen / Partsch* (FN 109), S. 31 f.

[115] Wie hier *Schminck*, a. a. O. (FN 109), S. 214 ff.; zur synonymen Verwendung der Begriffe „Streitkräfte" und „bewaffnete Macht" in der völkerrechtlichen Literatur vgl. *Schminck* (FN 109), S. 137 f.

[116] *Stern* (FN 22), S. 862; *Einwag / Schoen* (FN 8), § 42 Rn 9, § 64 Rn 8; *K. Ipsen* (FN 94), Rn 61 ff.; *derselbe* (FN 96), S. 542.

[117] Sofern man hierzu mit *K. Ipsen* (FN 109), S. 7, bereits aus Völkergewohnheitsrecht eine vorherige Notifikation i. S. v. Art. 43 Abs. 3 Protokoll I für erforderlich erachtet; ebenso wohl auch *Fischer* (FN 7), Rn 7; vgl. dazu auch oben, Text zu Fußnote 112.

[118] Unerheblich ist daher, ob der innerstaatliche, der Notifikation vorausgegangene Organisationsakt Zweifeln hinsichtlich seiner Verfassungsmäßigkeit oder Gesetzmäßigkeit unterliegt bzw. ob überhaupt nach nationalem Recht ein entsprechender Handlungsspielraum besteht. Diese völkerrechtliche Rechtslage ist

mehr, ob die in § 64 Abs. 1 Satz 1 BGSG genannten Teile des BGS auch nach dem nationalen Verfassungsrecht der Bundesrepublik Deutschland berechtigt sein sollen, mit militärischen Mitteln und Zielen, d.h. einschließlich der militärisch motivierten Vernichtung des Feindes – wenn auch „nur" zur notwendigen Verteidigung der Bundesrepublik Deutschland (im Gegensatz z.B. zum gezielten tödlichen Schuß als sog. finaler Rettungsschuß zum Schutz überragend wichtiger Rechtsgüter, wie z.B. Bestand oder freiheitliche demokratische Grundordnung des Bundes oder eines Landes, vgl. Art. 91 Abs. 1 GG) – aktiv an kriegerischen Auseinandersetzungen teilzunehmen und damit Bestandteil des militärischen Instruments der Bundesrepublik Deutschland[119] zu werden.

Die Annahme, daß die in § 64 Abs. 1 Satz 1 BGSG genannten Teile des BGS im Verteidigungsfall Bestandteil des militärischen Instruments der Bundesrepublik Deutschland seien, erlauben jedoch weder § 64 BGSG noch Art. 115 f GG.

a) Wortlaut und systematische Auslegung

Das Grundgesetz unterscheidet sowohl in Friedenszeiten wie im Verteidigungsfall eindeutig zwischen den Streitkräften im innerstaatlichen Sinne und dem BGS. So ergibt sich die Ermächtigung zur Aufstellung des BGS nicht aus Art. 87a, sondern aus Art. 87 Abs. 1 Satz 2 GG[120]. Die Einsatzmöglichkeiten des BGS im Falle eines inneren Notstandes und im Verteidigungsfall sind in Art. 91 GG und Art. 115 f Abs. 1 Nr. 1 GG geregelt, die der Streitkräfte in Art. 87a GG. Auf jeden Fall bleibt auch im Verteidigungsfall als Ermächtigungsgrundlage für das Handeln des BGS das BGS-Gesetz (§ 3) i.V.m. Art. 115 f Abs. 1 Nr. 1 GG[121] und nicht Art. 87a GG. Auch wenn die Bundesregierung von ihrer Befugnis nach

---

ebenso klar wie zweckgerecht: Dem Empfänger einer Notifikation über den Kombattantenstatus bestimmter Vollzugskräfte ist schlechterdings nicht zuzumuten, in einen rechtswissenschaftlichen Gutachtenstreit über eine fremde Rechtsordnung einzutreten; wie hier *K. Ipsen* (FN 109), S. 7; *Fischer* (FN 7), Rn 8.

[119] Zu dieser Definition vgl. oben, Text zu Fußnote 90ff.

[120] Nach Art. 87a Abs. 1 Satz 2 GG müssen sich aus dem Haushaltsplan des Bundes (Art. 110 Abs. 1 Satz 1, 1. Halbsatz GG) die zahlenmäßige Stärke und die Grundzüge der Organisation der Streitkräfte ergeben, wohingegen der Haushaltsplan im Falle des BGS nach § 42 Abs. 2 BGSG nur seine zahlenmäßige Stärke gesondert ausweisen muß.

[121] Vgl. zum Rechtszustand *vor* Inkrafttreten des derzeit geltenden BGS-Gesetzes *Knut Ipsen*, Art. 115f, in: Bonner Kommentar, Stand 1970, Rn 80.

II. Die verfassungsrechtlichen Grundlagen

Art. 115 f Abs. 1 Nr. 1 GG Gebrauch macht, behält der BGS gleichwohl ausschließlich die Aufgabe, als Polizei, d.h. aber im Bereich des herkömmlichen materiellen Polizeibegriffs tätig zu werden, §§ 3, 64 Abs. 1 Satz 2, § 42 Abs. 1 Satz 2 BGSG[122]. Die Verbände des BGS gehören daher auch im Falle des § 64 Abs. 1 Satz 1 BGSG nicht zur Bundeswehr, sondern bleiben als selbständige Polizei des Bundes dem Bundesminister des Innern unterstellt[123].

b) Historische Auslegung

Auch die Entstehungsgeschichte von § 64 Abs. 1 Satz 1 BGSG bzw. hier seines Vorgängers, § 2 b BGSG a. F.[124], läßt keine anderen Folgerungen zu. Über Motiv und Ziel dieser Regelung gibt der Schriftliche Bericht des Innenausschusses vom 16. März 1965[125] Aufschluß. Darin heißt es:

---

[122] Vgl. *Herzog* (FN 94), Rn 15, unter Hinweis insbesondere auf die Entstehungsgeschichte; *K. Ipsen* (FN 94), Rn 62; *Einwag / Schoen* (FN 7), Rn 18; *Stern* (FN 22), S. 1415; s. a. die Begründung des Regierungsentwurfs zu § 64 BGSG, Bundestags-Drucksache 6/2886, S. 47; a. A. soweit ersichtlich allein *Fischer* (FN 7), Rn 25 f., 27, der davon ausgeht, daß die in § 64 Abs. 1 Satz 1 BGSG genannten Teile des BGS mit Beginn eines bewaffneten Konflikts „erforderlichenfalls auch *ohne* die in § 64 Abs. 2 Satz 1 aufgeführten *Beschränkungen*" (Hervorhebungen im Original) eingesetzt werden könnten. „Denn in einer solchen Lage gilt das Recht, nach dem sein polizeiliches Gegenüber tätig wird, *natürlich* auch für den BGS. Bei einem solchen Einsatz wäre der BGS dann von den ‚*Fesseln*' des Polizeirechts *befreit.*" (Hervorhebung nur hier) Eine materielle Rechtsnorm, die einen nicht-mehr-polizeilichen Einsatz des BGS allein rechtfertigen könnte, ist allerdings nicht ersichtlich. Aber selbst wenn man diese Ansicht zugrundelegt, würde sich an der verfassungsrechtlichen Bewertung des Einsatzes von Frauen im BGS auf der Grundlage von Art. 12 a Abs. 4 Satz 2 GG allein dadurch nichts ändern. (Diese Frage wird von *Fischer* allerdings nicht behandelt.)

[123] Davon geht dezidiert der maßgebliche Bericht des Innenausschusses aus (FN 99), S. 2; vgl. auch *Fischer* (FN 7), Rn 2 f.; s. a. die Ansprache des Bundesministers des Innern, *Dr. Friedrich Zimmermann,* anläßlich der Vereidigung von 120 Dienstanfängern beim BGS, davon 31 Frauen, am 3. November 1987, abgedruckt im Pressedienst des Bundesministers des Innern (Hrsg.) vom 3. November 1987, Umdruck S. 4.

[124] In der Fassung des Gesetzes vom 11. Juli 1965, BGBl. I S. 603; zur entsprechenden Dienstanweisung vgl. o., Fußnote 8; zur Entstehungsgeschichte vgl. auch *Wolfgang Ernst,* Aufgaben und Verwendungsmöglichkeiten des Bundesgrenzschutzes nach dem Grundgesetz im Spannungsfeld Bund-Länder unter besonderer Berücksichtigung des Bundesgrenzschutzgesetzes vom 18. 8. 1972, Diss. Göttingen 1980, S. 71 ff.; *Willich* (FN 28), S. 48 ff.

3. BGS: "Dienst mit der Waffe" i. S. v. Art. 12a Abs. 4 Satz 2 GG?

„Die Verbände des Bundesgrenzschutzes sind im Frieden und in Spannungszeiten unmittelbar an der Demarkationslinie zur sowjetischen Besatzungszone und an der Grenze zur Tschechoslowakei eingesetzt. Es ist deshalb nicht auszuschließen, daß sie zu Beginn eines bewaffneten Konflikts in Kampfhandlungen mit feindlichen Streitkräften verwickelt werden. Wenn auch einem bewaffneten Konflikt im allgemeinen eine gewisse Spannungszeit vorausgehen wird, so wird es doch nicht immer möglich sein, den Bundesgrenzschutz rechtzeitig zurückzuziehen. Es wird sich auch häufig erst später feststellen lassen, ob ein Grenzzwischenfall bereits den Beginn eines bewaffneten Konflikts darstellte. Gerade in Spannungszeiten kommt den Verbänden des Bundesgrenzschutzes die besondere Funktion eines Polizeipuffers zu; durch ihren Einsatz im eigentlichen Grenzbereich vor den NATO-Streitkräften soll nämlich verhindert werden, daß Grenzzwischenfälle zum bewaffneten Konflikt führen. Käme es gleichwohl zu einem bewaffneten Konflikt und würden die Angehörigen der Verbände des Bundesgrenzschutzes hierbei in Kampfhandlungen verwickelt, so würden sie gegen das Kriegsvölkerrecht verstoßen und könnten vom Feind als Freischärler bestraft werden, weil sie nach der bisherigen Rechtslage an Kampfhandlungen nicht teilnehmen dürfen. Aus Fürsorgegründen ist es daher notwendig, für die Angehörigen der Verbände des Bundesgrenzschutzes den völkerrechtlichen Schutz in Anspruch zu nehmen, der nach den ersten drei Genfer Abkommen vom 12. August 1949 (BGBl. 1954 II S. 783 ff.) nur Kombattanten zusteht. Kombattanten sind nach dem Kriegsvölkerrecht Personen, die in einem Kriege zur Anwendung von Gewalt gegenüber Mitgliedern feindlicher Streitkräfte befugt sind."

Mißverständlich ist allerdings die folgende Stelle, die von der angeblichen Aufgabe des BGS spricht, feindliche Angriffe gegen das Bundesgebiet abzuwehren und insofern in bedenkliche Nähe zum Verteidigungsauftrag allein der Bundeswehr gem. Art. 87a Abs. 1 Satz 1 GG gerät[126]:

„Aber auch während eines bewaffneten Konflikts ist die den Verbänden des Bundesgrenzschutzes durch § 2b Abs. 1 Satz 1 des Gesetzentwurfs zusätzlich

---

[125] A.a.O. (FN 99), S. 2; vgl. dazu auch *Fischer* (FN 7), Rn 5 f.; s. a. den Bericht der vom Bundesminister des Innern eingesetzten Kommission „Grenzschutzdienstpflicht und Kombattantenstatus" aus dem Jahre 1974, abgedruckt in BGS-Zeitschrift des Bundesgrenzschutzes, 1975, Nr. 2, S. 16 ff., sowie das dort in einem Auszug wiedergegebene Schreiben des Berichterstatters aus dem Zweiten Senat des BVerfG vom 7. Dezember 1966 (2 BvR 63/66), in dem die Ablehnung einer Verfassungsbeschwerde mehrerer BGS-Beamte gegen § 2b BGSG durch den zuständigen Vorprüfungsausschuß des BVerfG angekündigt wurde; Beschwerdeanlaß war die durch das zitierte Schreiben zurückgewiesene Rechtsauffassung der Beschwerdeführer, durch § 2b BGSG a. F. seien dem BGS unzulässigerweise Aufgaben der militärischen Landesverteidigung zugewiesen worden, die mit den für die BGS-Beamten geltenden hergebrachten Grundsätzen des Berufsbeamtentums, Art. 33 Abs. 5 GG, nicht in Einklang stünden.

[126] Ebenda, S. 2f.

übertragene Aufgabe auf die Abwehr feindlicher Angriffe gegen das Bundesgebiet beschränkt; als Angriff gegen das Bundesgebiet im Sinne dieser Vorschrift ist die Anwesenheit einer feindlichen bewaffneten Macht im Bundesgebiet anzusehen. Die uniformierten Angehörigen der Verbände des Bundesgrenzschutzes werden demnach berechtigt und verpflichtet, zu ihrer eigenen Verteidigung und zur Erfüllung von Sicherungsaufgaben im Innern der Bundesrepublik Deutschland mit der Waffe zu kämpfen."

Im darauffolgenden Absatz wird jedoch klargestellt, daß dies – auch unter Berücksichtigung beamtenrechtlicher Maßgaben[127] – nicht über den originären polizeilichen Auftrag des BGS zur Aufrechterhaltung der öffentlichen Sicherheit und Ordnung hinausgeht[128]:

„Die Verbände des Bundesgrenzschutzes werden – wenn die Lage die Wahrnehmung der grenzpolizeilichen Aufgaben nach § 2 des BGS-Gesetzes nicht mehr zuläßt – zur Aufrechterhaltung der öffentlichen Sicherheit und Ordnung im Innern des Bundesgebietes eingesetzt werden. Eine Verwendung der Verbände des Bundesgrenzschutzes für rein militärische Zwecke kommt nicht in Betracht, ihre Ausrüstung und Ausbildung würde dies auch nicht zulassen. Die Übertragung der Verteidigungsaufgabe durch § 2b Abs. 1 Satz 1 des Gesetzentwurfs und der darauf beruhende Kombattantenstatus soll es aber den Angehörigen der Verbände des Bundesgrenzschutzes ermöglichen, im Verteidigungsfall auch diejenigen polizeilichen Aufgaben wahrzunehmen, bei denen die Gefahr besteht, daß ihnen zugleich mit dem „Störer" der „kombattante Gegner" entgegentritt."
(...)
„Die Regelung steht auch im Einklang mit Artikel 33 Abs. 5 GG, da durch die Auferlegung der neuen Pflichten an den genannten Personenkreis kein hergebrachter Grundsatz des Berufsbeamtentums verletzt wird und diese Beamten nach ihrer Vor- und Ausbildung sowie nach ihrer Ausrüstung in der Lage sind, auch die ihnen zusätzlich übertragene Aufgabe zu erfüllen. Daß sich die Ausbildung und Ausrüstung der Verbände des Bundesgrenzschutzes (...) in dem durch das BGS-Gesetz (in der Fassung dieses Gesetzentwurfs) gezogenen Rahmen halten muß, wird durch § 2b Abs. 2 des Gesetzentwurfs sichergestellt."

Der Berichterstatter, der Abgeordnete des Deutschen Bundestages, *Dorn* (F.D.P.), richtete 1967 an die Bundesregierung zwei Fragen, die sich

---

[127] Aus dienstrechtlicher Sicht dürfen Beamte im Gegensatz zu Soldaten nicht zu einem militärischen Einsatz herangezogen werden; vgl. § 1 Abs. 1, §§ 7, 11 des Soldatengesetzes in der Fassung der Bekanntmachung vom 19. August 1975, BGBl. I S. 2273, zuletzt geändert durch Artikel 2 des Gesetzes vom 13. Juni 1986, BGBl. I S. 873, einerseits, sowie § 52 Abs. 2, § 55 Bundesbeamtengesetz in der Fassung der Bekanntmachung vom 27. Februar 1985, BGBl. I S. 479, zuletzt geändert durch Artikel 6 des Gesetzes vom 20. Dezember 1985, BGBl. I S. 2466, andererseits; vgl. BVerfGE 28, 36, 46 ff.; 39, 128, 146.
[128] A. a. O. (FN 99), S. 3.

3. BGS: „Dienst mit der Waffe" i.S.v. Art. 12a Abs. 4 Satz 2 GG? 63

auf den angeblich militärischen Charakter des BGS bezogen[129]. In der Antwort darauf äußert der Parlamentarische Staatssekretär beim Bundesminister des Innern, *Benda*, dem liege die

> „irrige Ansicht zugrunde, der Bundesgrenzschutz sei keine Polizei. Demgegenüber darf ich nochmals feststellen: dem Bundesgrenzschutz sind durch Gesetz eindeutig polizeiliche Aufgaben zugewiesen. Daran hat auch das von diesem Hohen Hause einstimmig angenommene Gesetz zur Ergänzung des Gesetzes über den Bundesgrenzschutz nichts geändert. Ich darf Sie vielleicht auf Ihre eigenen Ausführungen als Berichterstatter zu diesem Gesetzentwurf verweisen, in denen Sie mit Recht gesagt haben, das Gesetz solle „den Angehörigen der Verbände des Bundesgrenzschutzes ermöglichen, im Verteidigungsfall auch diejenigen polizeilichen Aufgaben wahrzunehmen, bei denen die Gefahr besteht, daß ihnen zugleich mit dem ‚Störer' der ‚kombattante Gegner' entgegentritt." Eine rein militärische Verwendung des Bundesgrenzschutzes kommt nach diesem Bericht nicht in Betracht. Daher besteht kein Anlaß, am *polizeilichen Charakter des Bundesgrenzschutzes* zu zweifeln. Im Gegenteil: Zweck der polizeilichen Grenzsicherung durch den Bundesgrenzschutz ist, daß nicht jeder Grenzzwischenfall die Gefahr einer militärischen Konfrontation heraufbeschwört. Dieser Zweck würde durch eine Herauslösung des Bundesgrenzschutzes aus der Polizei vereitelt werden[130]."

Unter ausdrücklicher Bezugnahme auf den Inhalt des soeben zitierten Berichts des Innenausschusses von 1965 heißt es weiter in der Begründung zum Regierungsentwurf zu § 64 BGSG[131]:

> „Die Regelung des § 2b, die nach ihrer Formulierung als ein umfassender und unbegrenzter Kampfauftrag verstanden werden könnte, ist nach dem Willen des Gesetzgebers (vgl. Schriftlicher Bericht des Bundestags-Ausschusses für Inneres vom 16. März 1965 – Drucksache IV/3200) und der Bundesregierung *einschränkend dahin auszulegen,* daß sie innerstaatlich nur eine begrenzte Verwendung des Bundesgrenzschutzes gegen einen kombattanten Gegner ermöglichen soll. Sie soll die Verbände des Bundesgrenzschutzes im Hinblick auf ihre Dislozierung und die möglichen Formen moderner Kriegführung nur in die Lage versetzen, der Sache nach polizeiliche Aufgaben auch dann noch durchzuführen, wenn ihnen dabei kombattante Feindkräfte gegenübertreten.
>
> Der Entwurf will diese Ansicht des Gesetzgebers im Gesetz selbst zum Ausdruck bringen. So wird auf den ersten Satz des bisherigen § 2b Abs. 1 des Bundesgrenzschutzgesetzes, *der teilweise im Sinn eines umfassenden Verteidigungsauftrages mißverstanden* worden ist, verzichtet. In Absatz 1 Satz 1 wird in Anlehnung an § 2b Abs. 1 Satz 2 des geltenden Bundesgrenzschutzgesetzes

---

[129] Bundestags-Drucksache 5/2236, S. 5 (Fragen Nr. 30, 31).
[130] Stenographischer Bericht der 131. Sitzung des 5. Deutschen Bundestages am 8. November 1967, S. 6619 D, Hervorhebung im Original.
[131] Bundestags-Drucksache 6/2886, S. 46f.

bestimmt, daß die Grenzschutzkommandos, die Verbände und Einheiten des Bundesgrenzschutzes sowie die Grenzschutzschule mit dem Beginn eines bewaffneten Konflikts Teil der bewaffneten Macht der Bundesrepublik Deutschland sind. Damit haben sie aus der *Sicht des Völkerrechts* auch den Auftrag, mit militärischen Mitteln geführte Angriffe auf das Bundesgebiet mit der Waffe abzuwehren; ihre Beamten sind deshalb mit den im folgenden dargestellten Einschränkungen *rechtmäßige Kombattanten*.

Obwohl die Grenzschutzkommandos, die Verbände und Einheiten des Bundesgrenzschutzes sowie die Grenzschutzschule mit dem Beginn eines bewaffneten Konflikts Teil der bewaffneten Macht der Bundesrepublik Deutschland werden, *bleiben der Charakter des Bundesgrenzschutzes als Polizei* und seine Unterstellung unter den Bundesminister des Innern gemäß Absatz 1 Satz 2 *unberührt*. Das Völkerrecht verlangt nicht, daß die Staaten ausschließlich eine einheitlich organisierte und unter einem einheitlichen Oberbefehl stehende bewaffnete Macht haben. Vielmehr kann ein Staat über mehrere Arten von Streitkräften verfügen, die organisatorisch und befehlsmäßig nebeneinander stehen. Maßgebend ist nur, daß diese die Mindestvoraussetzungen erfüllen, welche das Völkerrecht für reguläre Streitkräfte verlangt. Das ist beim Bundesgrenzschutz der Fall.

Die Regelung des Absatzes 1 Satz 2 steht nicht im Widerspruch zu Artikel 115 b des Grundgesetzes, wonach mit der Verkündung des Verteidigungsfalles die Befehls- und Kommandogewalt über die Streitkräfte auf den Bundeskanzler übergeht. *Die Grenzschutzkommandos, die Verbände und Einheiten des Bundesgrenzschutzes sowie die Grenzschutzschule fallen nicht unter den im Grundgesetz verwendeten innerstaatlichen Begriff „Streitkräfte"*, weil das Grundgesetz eine eigene Verwaltungskompetenz für den Bundesgrenzschutz enthält (vgl. Artikel 87 Abs. 1 Satz 2, Artikel 91 Abs. 2 und Artikel 115 f des Grundgesetzes).

Unbeschadet des Umstandes, daß die Grenzschutzkommandos, die Verbände und Einheiten des Bundesgrenzschutzes sowie die Grenzschutzschule mit dem Beginn eines bewaffneten Konflikts Teil der bewaffneten Macht werden und damit aus der Sicht des Völkerrechts einen umfassenden Verteidigungsauftrag haben, *bestimmt Absatz 2, daß sie nach innerstaatlichem Recht nur aus Anlaß der Wahrnehmung* von Aufgaben nach dem Ersten Abschnitt des Entwurfs – mithin *polizeilicher Aufgaben* – oder zur eigenen Verteidigung dazu *verwendet werden* sollen, mit militärischen Mitteln gegen das Bundesgebiet geführte Angriffe mit der Waffe abzuwehren. *Diese innerstaatliche, als Sollvorschrift gestaltete Einschränkung berührt die völkerrechtliche Stellung* der unter Absatz 1 des Entwurfs fallenden Teile des Bundesgrenzschutzes *nicht;* das wird in Absatz 2 Satz 2 ausdrücklich gesagt[132]."

---

[132] Hervorhebungen nicht im Original; zu den Aufgaben des BGS vgl. Erklärung des Bundesministers des Innern, *Ernst Benda*, in der 174. Sitzung des 5. Deutschen Bundestages am 15. Mai 1968, Stenographischer Bericht S. 9352 A; Antwort der Bundesregierung, Bundestags-Drucksache 8/1748; Beratungen in der 177. Sitzung des 8. Deutschen Bundestages am 11. Oktober 1979, Stenographischer Bericht

Bemerkenswert ist dabei besonders, daß in der Regierungsbegründung zu Recht hervorgehoben wird, daß völkerrechtliche Beurteilung und grundgesetzliche Maßgaben zwei unterschiedliche, inkongruente, sich aber nicht notwendig widersprechende Regelungsmaterien betreffen. Insofern versucht § 64 BGSG eine Lösung, um sowohl den völkerrechtlichen Zielvorstellungen (i.e. Schutz der mit ausschließlich polizeilichen Aufgaben betrauten BGS-Beamten bei Berührung mit feindlichen Kombattanten) als auch den grundgesetzlichen Organisationsnormen (i.e. militärische Verteidigung der Bundesrepublik Deutschland ausschließlich durch die Bundeswehr) zu genügen.

Die nur scheinbare Ungereimtheit innerhalb von § 64 BGSG, die seine Auslegung so schwierig macht, erhellt dann, wenn man sich die zweifache Perspektive in dieser Vorschrift vor Augen führt.

Die erste Perspektive bezieht sich auf den Eindruck kombattanter Feindkräfte, die beim Grenzübertritt auf Grenzschutzbeamte treffen, die ihnen nicht weichen wollen, sondern vielmehr versuchen, soweit als möglich ihren Schutzauftrag zu erfüllen. Für den gegnerischen Soldaten lautet die Frage: Handelt es sich bei meinem Gegenüber um einen Freischärler (d.h. um eine nach *Kriegsvölkerrecht* nicht zu Kriegshandlungen berechtigte Person) oder handelt es sich um ein Mitglied der Streitkräfte. Im ersteren Fall ist umgehende Bestrafung als Freischärler möglich und im realen Kriegsgeschehen wohl auch wahrscheinlich. Im zweiten Fall muß hingegen die ordnungsgemäße Gefangennahme der angetroffenen BGS-Beamten und ihre Behandlung nach den Genfer Abkommen erfolgen. Im Hinblick auf diese prospektierte Realität will § 64 BGSG die BGS-Beamten vor der Bestrafung als Freischärler beschützen, indem er sie *nach außen hin* in die Position rechtmäßig kämpfender Militärpersonen stellt und damit zu einem Bestandteil der bewaffneten Macht der Bundesrepublik Deutschland im Sinne nicht des Grundgesetzes, sondern von Artikel 3 Satz 1 der Haager Landkriegsordnung macht.

Die innerstaatliche Perspektive (die für den feindlichen Soldaten und seine Ausübung des Kriegshandwerks ohne Belang ist) ist vom Kriegsvöl-

---

S. 13 971 ff.; *Zimmermann* (FN 123), ebenda; *Ernst* (FN 124), S. 88 f.; *Werner Ohrband*, Der Grenzschutz in Deutschland seit dem Deutschen Reich von 1871 unter besonderer Berücksichtigung des Bundesgrenzschutzes, Diss. Speyer 1982, S. 109 ff.; a.A. hinsichtlich der Bedeutung von Art. 64 Abs. 2 Satz 1 BGSG soweit ersichtlich allein *Fischer* (FN 7), Rn 27 (vgl. dazu oben, Fußnote 122).

kerrecht im allgemeinen und von Artikel 3 Satz 1 der Haager Landkriegsordnung im besonderen völlig zu unterscheiden. Nach dem BGS-Gesetz kommt dem Bundesgrenzschutz allein die Aufgabe zu, mit polizeilichen Mitteln im Grenzbereich Sicherheit und Ordnung aufrechtzuerhalten, § 7 BGSG. Die dazu benötigten Mittel stellt ihm das Gesetz zur Anwendung des unmittelbaren Zwangs zur Verfügung. Maßnahmen auf dieser Rechtsgrundlage setzen also nach allgemeinem Polizeirecht voraus, daß die öffentliche Sicherheit und Ordnung durch das Verhalten von Personen gefährdet oder gestört wird, mit der Folge, daß Maßnahmen zur Gefahrenabwehr gegen diese zu richten sind. Nach innerstaatlichem Recht wird der unberechtigte Grenzübertritt fremder Truppen zweifellos eine Störung der öffentlichen Sicherheit und Ordnung nach dem BGS-Gesetz darstellen, da der Bundesgrenzschutz gerade dazu geschaffen wurde, Grenzverletzungen zu verhindern bzw. bereits eingetretene Störungen zu beseitigen, §§ 2, 6 BGSG. Diese Aufgabenerfüllung ist für Polizeivollzugsbeamte im Zusammentreffen mit feindlichen Truppen allerdings deswegen problematisch, weil nach *Kriegsvölkerrecht* Polizeibeamte nicht gegen kombattante Feindkräfte vorgehen dürfen. Dazu sind lediglich Mitglieder der bewaffneten Macht des jeweiligen Staates berechtigt. Wären daher die BGS-Verbände nur „einfache" Polizei, so müßten sie feindlichen Kombattanten ohne Widerstand weichen. Dies entspricht aber nicht dem Sinn und Zweck der Institution BGS.

Diese besondere Konstellation der realen Aufgabensituation des Bundesgrenzschutzes an den Grenzen der Bundesrepublik Deutschland bringt es daher mit sich, daß die Polizeivollzugsbeamten in den Verbänden des BGS einmal nach innerstaatlichem Recht berechtigt und verpflichtet sind, die öffentliche Sicherheit und Ordnung aufrechtzuerhalten bzw. evtl. Störungen zu beseitigen. Beim Zusamentreffen mit feindlichen Kombattanten müssen sie *kriegsvölkerrechtlich* aber gleichfalls berechtigt sein, gerade gegen solche Störer (Störer im innerstaatlichen Sinne, vgl. § 7 BGSG) vorzugehen, die Mitglieder der bewaffneten Macht des angreifenden Staates sind. Beide Aufgaben will § 64 BGSG erfüllen: Zum einen erklärt er wirksam (eine Notifikation nach Artikel 43 des Zusatzprotokolls I einmal vorausgesetzt) gegenüber potentiellen Angreifern, daß die BGS-Verbände auch zu militärischen Aktionen gegenüber ihren Streitkräften berechtigt sind (was weder voraussetzt, noch umfaßt, daß sie auch innerstaatlich einen entsprechenden Verteidigungsauftrag haben, der offensichtlich auch nicht besteht). Zum zweiten trägt § 64

3. BGS: „Dienst mit der Waffe" i.S.v. Art. 12a Abs. 4 Satz 2 GG?

BGSG der nationalen Verfassungsrechtslage der Bundesrepublik Deutschland dadurch Rechnung, daß er an der alleinigen Aufgabenzuweisung der Landesverteidigung an die Bundeswehr keine Zweifel stellt.

Das Grundgesetz geht davon aus, daß die Aufgaben und Befugnisse der Bundeswehr und die des Bundesgrenzschutzes voneinander abzugrenzen sind. Für den letzteren ergeben sich seine Aufgaben aus dem BGSG. Diese beziehen sich nur auf die Abwehr von Gefahren für die öffentliche Sicherheit und Ordnung, nicht aber auf das allgemeine Kriegsführungsrecht des Völkerrechts. Ausweislich der soeben zitierten Belege war es Absicht des historischen Gesetzgebers, die Aufgaben des BGS nicht auf die Verteidigung im engeren Sinne zu erstrecken. Zwar ergeben sich die spezifischen Befugnisse des BGS im V-Falle gegenüber feindlichen Kombattanten *aus deren Sicht* nicht aus dem BGS, sondern aus dem Kriegsvölkerrecht, weil der BGS eben nur dadurch und durch seine Unterschutzstellung unter den kriegsvölkerrechtlichen Kombattantenstatus die Berechtigung erwirbt, gegen feindliche Streitkräfte vorzugehen. Dieses „Vorgehen" des BGS erhält gleichwohl aus innerstaatlicher Sicht keine eigene, etwa militärische Qualität (wenn es auch unter verteidigungspolitischen Gesichtspunkten von ganz erheblicher Bedeutung ist). Das Vorgehen des BGS bleibt vielmehr dem materiellen Polizeibegriff zugeordnet und behält seine Rechtsgrundlage im BGSG. Allerdings ist zuzugeben, daß im Konfliktfall die Mittel-Zweck-Relation i.V.m. dem polizeirechtlichen Verhältnismäßigkeitsgrundsatz beim Einsatz des BGS stärker als evtl. in Friedenszeiten die Sicherheit des Staates und der Gemeinschaft der Bürger berücksichtigen muß als die Interessen potentieller oder tatsächlicher Störer. Deren Interesse muß dann im Zweifel sogar ganz zurücktreten. Trotzdem bleiben die dann notwendigerweise ergriffenen Maßnahmen solche polizeilicher Natur, selbst wenn sie sich als Bestandteil der militärischen Gesamtplanung der Bundesrepublik Deutschland für den V-Fall darstellen sollten. Wegen den auch dann geltenden materiell-polizeirechtlichen Rechtsgrundlagen (mit ihren spezifischen Voraussetzungen und Maßnahmemöglichkeiten) liegt hier auch keine Umgehung von Artikel 87a Abs. 1 Satz 1 GG vor, da der BGS selbst unter diesen Umständen keinen unmittelbaren Verteidigungsauftrag hat, wenn er auch mittelbar – wie alle anderen staatlichen Organe und Behörden einschließlich der Landespolizeien – seinen Anteil an der Gesamtverteidigung hat, nämlich Schutz und weitestgehende Wahrung der freiheitlich demokratischen Grundordnung und des Bestandes unseres Staates.

II. Die verfassungsrechtlichen Grundlagen

c) § 50 Abs. 3 Nr. 1 BGSG
kein Argument für Kriegsdienst im BGS

Gleichwohl wird dagegen eingewandt, daß im Verteidigungsfall die in § 64 Abs. 1 Satz 1 BGSG genannten Teile dennoch Kriegsdienst leisteten[133]. Als Begründung wird hierzu auf § 50 Abs. 3 Nr. 1 BGSG verwiesen, wonach die Grenzschutzdienstpflicht mit der Anerkennung als Kriegsdienstverweigerer endet. Dies dürfte allerdings ein unzulässiger Umkehrschluß sein. Wenn das BGSG an den Tatbestand der Anerkennung als Kriegsdienstverweigerer die genannte Folge knüpft, so besagt dies lediglich, daß das Gesetz unter diesen Umständen auf die weitere *Verpflichtung* verzichtet, nicht aber, daß der Dienst im BGS u. U. Kriegsdienst sein könne. Wenn das letztere zuträfe, müßten gleichfalls als Kriegsdienstverweigerer anerkannte Polizeivollzugsbeamte im BGS entlassen werden bzw. müßte ihr freiwilliger Verbleib im BGS Anlaß sein, ihnen die Berechtigung, den Kriegsdienst mit der Waffe zu verweigern, abzuerkennen[134]. Beides ist offensichtlich nicht der Fall. Weder das BGSG noch das Bundesbeamtengesetz[135], welches gemäß seinem § 190 subsidiär auch auf Polizeivollzugsbeamte des Bundes anzuwenden ist, enthalten einen derartigen Entlassungsgrund.

Vielmehr geht § 15 des Zivildienstgesetzes[136] ausdrücklich von einer Vereinbarkeit eines Polizeivollzugsdienstes von anerkannten Kriegsdienstverweigerern aus. Dies ist darin begründet, daß die Konfliktsituation, vor die Art. 4 Abs. 3 Satz 1 GG schützen will, nämlich entgegen einer persönlichen Gewissensentscheidung Kriegsdienst mit der Waffe leisten zu müssen, im Polizeivollzugsdienst (einschließlich des Dienstes in den kombattanten Verbänden des BGS) aus den dargelegten Gründen überhaupt nicht eintreten kann.

---

[133] *Einwag / Schoen* (FN 7), Rn 21 a; im Ergebnis wohl ebenso *Fischer* (FN 7), Rn 27, allerdings ohne Begründung (vgl. dazu oben, Fußnote 122).

[134] Von dieser Möglichkeit geht nämlich § 7 Abs. 2 des Wehrpflichtgesetzes in der Fassung der Bekanntmachung vom 13. Juni 1986, BGBl. I S. 879, grundsätzlich aus, wenn die Gründe für die Anerkennung als Kriegsdienstverweigerer nicht mehr bestehen (z. B. wenn sich ein ehemals anerkannter Kriegsdienstverweigerer unter Waffeneinsatz an kriegerischen Auseinandersetzungen im Ausland beteiligt).

[135] A. a. O. (FN 128).

[136] In der Fassung der Bekanntmachung vom 31. Juli 1986, BGBl. I S. 1205.

3. BGS: „Dienst mit der Waffe" i.S.v. Art. 12a Abs. 4 Satz 2 GG? 69

d) Art. 12a Abs. 2 Satz 3 GG
kein Argument für Kriegsdienst im BGS

Mit letztlich der gleichen Begründung ist auch Art. 12a Abs. 2 Satz 3, 3. Halbsatz a.E. GG nicht geeignet, aus dem Polizeidienst im BGS einen „(Kriegs-)Dienst mit der Waffe" i.S.v. Art. 12a Abs. 4 Satz 2 bzw. Art. 4 Abs. 3 Satz 1 i.V.m. Art. 12a Abs. 2 Satz 1 GG zu machen. Nach Art. 12a Abs. 2 Satz 3 GG darf der für anerkannte Kriegsdienstverweigerer vorgesehene Ersatzdienst „in keinem Zusammenhang mit den Verbänden der Streitkräfte und des Bundesgrenzschutzes" stehen. Die Ergänzung dieser Vorschrift um die Worte „des Bundesgrenzschutzes" erfolgte durch das 17. Gesetz zur Ergänzung des Grundgesetzes im Jahre 1968[137]. Die angebliche Notwendigkeit dieser Einfügung wurde im Bericht des Rechtsausschusses vom 9. Mai 1968 daraus hergeleitet, daß wegen der Möglichkeit einer Dienstverpflichtung auch zum BGS gem. Art. 12a Abs. 1, 2. Alternative GG „im Hinblick auf die in § 2b (BGSG a.F.) dem Bundesgrenzschutz zugewiesenen Aufgaben das Recht der Kriegsdienstverweigerung sich auch auf die Grenzschutzdienstpflicht erstrecken" müsse[138].

In den Beratungen des 17. Änderungsgesetzes[139] betonte der Bundesminister des Innern, *Benda,* wiederum, „daß es sich beim Bundesgrenzschutz nicht um einen Teil der militärischen Streitkräfte handelt, sondern um eine Polizeitruppe, die gerade im Frieden friedensmäßige Aufgaben hat"[140]. Eine weitere Diskussion darüber fand nicht statt.

Auch in der verfassungsrechtlichen Literatur wird diese Einfügung – soweit ersichtlich – nicht problematisiert, sondern lediglich konstatiert[141]. Lediglich an einer Stelle wird die zumindest überraschende Auffassung mitgeteilt, „Wehrdienst" i.S. des Art. 12a Abs. 2 Satz 2 GG sei

---

[137] Gesetz vom 24. Juni 1968, BGBl. I S. 709.

[138] Bundestags-Drucksache 5/2873, S. 5; zu diesem sog. *Lücke*-Entwurf vgl. oben, II. 3.2.5.

[139] Zweite Lesung in der 174. Sitzung des 5. Deutschen Bundestages am 15. Mai 1968, Stenographischer Bericht S. 9313 ff.; Dritte Lesung in der 178. Sitzung am 30. Mai 1968, Stenographischer Bericht S. 9606 ff.

[140] In der zweiten Lesung (FN 139), S. 9352 A.

[141] Vgl. *Herzog* (FN 27), Rn 175; *Scholz* (FN 8), Rn 96; *Otto-Ernst Kempen,* Art. 4, in: (sog. Alternativ-)Kommentar zum Grundgesetz für die Bundesrepublik Deutschland, Bd. 1, 1984, Rn 32; *K. Ipsen / J. Ipsen* (FN 8), Rn 117.

auch der „Dienst(...) im Bundesgrenzschutz"[142]. Diese Interpretation, die im Grunde auf eine (verfassungs-)gesetzliche Fiktion abstellt, wird man jedoch kaum überbewerten dürfen, zumal sie lediglich zur Begründung dafür herangezogen wird, daß eine eventuelle Dienstverpflichtung im BGS den üblichen Zeitraum des Grundwehrdienstes in der Bundeswehr nicht überschreiten, den des Ersatzdienstes aber auch nicht unterschreiten dürfe[143], vgl. § 53 Abs. 4 BGSG.

Insgesamt wird man aus Art. 12a Abs. 2 Satz 3 GG nur den Schluß ziehen können, daß der Verfassungsänderungsgesetzgeber ein Korrelat zur Grenzschutzdienstpflicht schaffen wollte, ganz unabhängig davon, daß es sich hierbei nicht um einen „(Kriegs-)Dienst mit der Waffe" i.S.v. Art. 4 Abs. 3 Satz 1 GG handelt. Insofern ist auf den vorherigen Abschnitt c) zu verweisen.

3.5 Zusammenfassung

Auch unter Berücksichtigung der Entstehungsgeschichte dürfte gesichert sein, daß allein durch die *kriegsvölkerrechtlich* orientierte wie auch motivierte einfachgesetzliche Verleihung des Kombattantenstatus an die in § 64 Abs. 1 Satz 1 BGSG genannten Verbände keine Änderung der innerstaatlich vorgegebenen allein polizeilichen Aufgabenstellung des BGS bewirkt wurde. Weder ging mit dieser Verleihung eine parallele militärische Aufgabenzuweisung einher, noch wurden die Beamten des BGS zu Soldaten, auch nicht zu solchen in „Reserve"[144]. Ausweislich des bereits zitierten Berichtes des Innenausschusses[145] sollten die Beamten des BGS im Konfliktfall davor geschützt werden, als Freischärler, d.h. als illegale Kombattanten, behandelt zu werden[146]. Diesen Zweck erfüllt

---

[142] *K. Ipsen / J. Ipsen* (FN 8), Rn 123.
[143] Ebenda.
[144] Vgl. *Einwag / Schoen* (FN 7), § 64 Rn 6; *K. Ipsen* (FN 94), Rn 67ff.; *Willich* (FN 28), S. 185ff.; *Ohrband* (FN 132), S. 84ff.; zu § 2 BGSG a.F. erklärte der Bundesminister des Innern, *Höcherl*, in der 56. Sitzung des 4. Deutschen Bundestages am 24. Januar 1963, mit ihm sei weder beabsichtigt, „die Bundesgrenzschutzbeamten zu Soldaten zu machen oder in die Bundeswehr zu überführen", noch „Einheiten oder Verbände des Bundesgrenzschutzes mit militärischen Kampfaufträgen einzusetzen", Stenographischer Bericht S. 2483 B, C.
[145] A.a.O. (FN 99), S. 2; vgl. oben, Text nach Fußnote 126.
[146] Ob dies angesichts der wohl in allen Ländern der Erde bekannten spezifischen Organisation der Polizei und der Notwendigkeit einer Notifikation für den Fall, daß ein Staat sie als Teil der Streitkraft verwenden will (Art. 43 Abs. 3 Proto-

3. BGS: „Dienst mit der Waffe" i.S.v. Art. 12a Abs. 4 Satz 2 GG?

§ 64 Abs. 1 Satz 1 BGSG[147]. Daraus folgt jedoch kein Kriegsdienst mit der Waffe für die BGS-Beamten. Wie bereits dargestellt[148], handelt es sich beim „(Kriegs-)Dienst mit der Waffe" i.S.v. Art. 12a Abs. 4 Satz 2 GG nur um solche Tätigkeiten, die in einem nach dem Stand der jeweiligen Waffentechnik unmittelbaren Zusammenhang zum Einsatz von Kriegswaffen stehen[149]. Die Merkmale eines solchen Dienstes sind hingegen nicht erfüllt, wenn Kräfte des BGS im Rahmen ihres allein polizeilichen Auftrages die nach dem UZwG[150] zugelassenen polizeitypischen Waffen anwenden. Dies gilt selbst dann, wenn sie dabei im V-Fall in direkte Auseinandersetzungen mit feindlichen Kombattanten geraten sollten. Gerade deshalb sollen zu ihrem Schutz die völkerrechtlich bestehenden Privilegien des Status von Kriegsgefangenen gem. § 64 Abs. 1 Satz 1 BGSG auf sie anwendbar sein. Im übrigen dürfte die Wirkung der bei den Polizeien des Bundes und der Länder zum Einschreiten gegen Störer zugelassenen Waffen in keiner Weise vergleichbar sein mit der Wirkung der sog. „verbundenen Waffen" der Streitkräfte, also auch schwerstem Kriegsgerät[151].

Nur am Rande sei bemerkt, daß eine eventuelle militärische Aufgabenzuweisung im übrigen die Schwächung des polizeilichen Potentials in

---

koll I), sowie wegen des grundsätzlich bestehenden Schutzes nach dem 4. Genfer Abkommen (vom 12. August 1949 zum Schutze von Zivilpersonen in Kriegszeiten, BGBl. II 1954, 781, 917) erforderlich ist (da – aus der *hier* maßgeblichen völkerrechtlichen Sicht – die deutsche Polizei – einschließlich des nicht-kombattanten BGS – im Gegensatz zu ausländischen Beispielen eben nicht Bestandteil der Streitkräfte, sondern der *zivilen Verwaltung* ist; vgl. dazu *Kewenig* (FN 103), S. 35f. sowie passim), mag hier dahinstehen. Verfassungsrechtlich dürfte es jedenfalls nicht auf Bedenken stoßen.

[147] Lediglich *Herzog* (FN 94), spricht davon, „daß die Bundesregierung den Beamten des Bundesgrenzschutzes diesen Kombattanten-Status ... aufbürdet". Worin diese Bürde für einen ohnehin bewaffneten und uniformierten Angehörigen des Polizeivollzugsdienstes im BGS angesichts der Gefahr, ohne Kombattantenstatus als nicht rechtmäßiger Kombattant bzw. als Freischärler nach Kriegsrecht bestraft werden zu können, liegen könnte, wird nicht erläutert; vgl. dazu *Einwag / Schoen* (FN 7), § 64 Rn 4; kritisch auch *Bernd Walter*, BGS Polizei des Bundes, 1983, S. 48ff., 52.

[148] Vgl. oben, II. 3.2.6.

[149] Vgl. BVerfGE 69, 1, 56; BVerwGE 72, 241, 242.

[150] Vgl. oben, Fußnote 28; das UZwG würde selbst dann die alleinige Rechtsgrundlage abgeben, wenn sich die „Störer" als kombattante Gegner erwiesen.

[151] Möglicherweise bezieht sich die oben, Fußnote 136, zitierte Bemerkung von *Herzog* auf dieses Mißverständnis; skeptisch auch *Walter* (FN 147), S. 52; wie hier *Willich* (FN 124), S. 63, 195ff.

einer Situation bedeuten könnte, in der das Vorhandensein angemessener Polizeikräfte wohl unverzichtbar ist[152].

Die Ausgangsfrage läßt sich daher im Ergebnis in der Weise beantworten, daß Art. 12a Abs. 4 Satz 2 GG einer freiwilligen uneingeschränkten Verwendung von Frauen im Polizeivollzugsdienst des BGS weder in Friedenszeiten noch im Verteidigungsfall entgegensteht. Insbesondere liegt wegen der rechtlich normierten ausschließlich polizeilichen Tätigkeit des BGS auch im Verteidigungsfall keine Umgehung von Art. 12a Abs. 4 Satz 2 GG vor[153].

Sinn des Art. 12a Abs. 4 Satz 2 GG – auch aus einer Zusammenschau mit dem vorangehenden Satz und § 1 Abs. 3, § 27 Abs. 2 Nr. 3 i.V.m. § 3 des Soldatengesetzes – ist es, die aktive Teilnahme von Frauen an kriegerischen Kampfhandlungen im Rahmen der dazu in Übereinstimmung mit dem Grundgesetz bestimmten Streitkräfte (i.e. die Bundeswehr) auszuschließen[154]. Der Schutzbereich der Verfassungsbestimmung beschränkt sich somit auf den Dienst in der Bundeswehr und erfaßt nicht die Polizei einschließlich BGS.

Dabei vermag auch die Annahme einer gegenüber Männern *besonderen* Schutzbedürftigkeit von Frauen (ganz unabhängig von ihrer Begründbarkeit) hier nicht zu einem anderen Ergebnis zu führen. Die Verfassung hat selbst und unmittelbar den Bereich konkretisiert, wo sie entgegen den sonstigen eindeutigen Vorgaben (Art. 3 Abs. 2, 3, Art. 33 Abs. 2 GG) eine u.a. darauf zurückzuführende *Ausnahme* konstatiert, nämlich *nur* für die Streitkräfte und auch dort *nur* für den „(Kriegs-)Dienst mit der Waffe", Art. 12a Abs. 4 Satz 2 GG. Anhaltspunkte für eine über diesen Ausnahmebereich hinausgehende und damit den insofern klaren Wortlaut dieser Norm verlassende Auslegungsmöglichkeit oder gar -notwendigkeit sind nicht ersichtlich, zumal dies nur im Wege einer Analogie (die den Nachweis einer planwidrigen Lücke voraussetzte) oder einer besonders weiten Auslegung (die dann den hier zu beurteilenden Lebenssachverhalt mit umfassen müßte) denkbar wäre[155].

---

[152] Wie hier *Troschke* (FN 8).
[153] Vgl. dazu *K. Ipsen* (FN 94), Rn 68.
[154] Vgl. BVerwGE 72, 241, 246.
[155] Vgl. *Karl Larenz*, Methodenlehre der Rechtswissenschaft, 4. Aufl. 1979, S. 341 ff.; 366 f., 369 ff., 388 f.; zu den Grenzen einer verfassungskonformen Auslegung vgl. BVerfGE 2, 266, 282; 8, 28, 34; 8, 38, 41; 8, 71, 78 f.; 18, 97, 111; 52, 357,

3. BGS: „Dienst mit der Waffe" i.S.v. Art. 12a Abs. 4 Satz 2 GG?

Beide Interpretationsvarianten überschreiten jedoch die Grenzen einer noch zulässigen Verfassungsauslegung. Die Möglichkeit einer teleologisch extensiven Auslegung dürfte hier allein schon deswegen abzulehnen sein, weil sie voraussetzte, den BGS vom Wortlaut her als Streitkraft i.S.v. Art. 12a Abs. 4 Satz 2 GG verstehen zu wollen. Dies dürfte aber selbst umgangssprachlich bereits eindeutig den Randbereich des Begriffs „Streitkraft" verlassen. Dafür sprechen insbesondere auch zwei weitere Überlegungen. Einmal existierte der BGS zum Zeitpunkt der Schaffung von Art. 12a Abs. 4 Satz 2 GG (in Kraft getreten am 25. Juni 1968, vgl. § 2 des 17. Gesetzes zur Ergänzung des Grundgesetzes) bereits seit über 17 Jahren (Gesetz über den Bundesgrenzschutz und die Einrichtung von Bundesgrenzschutzbehörden vom 16. März 1951, BGBl. I S. 201) und seine Verbände standen schon 3 Jahre unter dem Kombattantenstatus des § 2b BGSG a.F. (vom 11. Juni 1965), der seinerseits bei der Einführung sehr stark umstritten war. Das hiesige Problem – sollte es eines sein bzw. damals gewesen sein – war also bereits in der Entwurfsphase des 17. Gesetzes zur Ergänzung des Grundgesetzes bekannt. (Der fünfte Deutsche Bundestag konstituierte sich am 19. Oktober 1965.) Zum zweiten wurde mit dem 17. Gesetz zur Ergänzung des Grundgesetzes Art. 12a Abs. 2 Satz 3 GG um die Worte „des Bundesgrenzschutzes" ergänzt, was einmal darauf schließen läßt, daß der Verfassunggesetzgeber den BGS *nicht* unter den Begriff „Streitkraft" subsumierte (die Entstehungsgeschichte gibt keinen Hinweis darauf, daß es sich nur um eine – deklaratorische – Klarstellung handelt, das Gegenteil ist ihr – wie oben dargelegt – zu entnehmen), zum anderen aber darauf, daß er nur die zwangsweise Heranziehung von anerkannten Kriegsdienstverweigerern für regelungsbedürftig erachtete, nicht aber den freiwilligen Dienst von Frauen selbst in den kombattanten Verbänden des BGS. Wollte man aber über den begrifflichen Randbereich der „Streitkräfte" hinausgehen, läge keine Auslegung, sondern eine analoge Anwendung vor.

Im Falle einer derartigen Analogie bestünde die praktische Konsequenz in der Annahme eines daraus abzuleitenden allgemeinen Rechtssatzes resp. Prinzips des Inhalts: Zulässigkeit von Einschränkungen der dann nur dem Grundsatz nach gewährten Gleich*berechtigung* als spezifische *Freiheits*verbürgung (also nicht Wegfall von Zwang, um den es hier

---

368 f.; Beschluß vom 9. Februar 1988 – 1 BvL 23/86 –, Umdruck S. 6; s.a. *Hesse* (FN 30), Rn 77; *Stern* (FN 5), S. 135 f. m.w.N.

nicht zu tun ist) von Frauen überall dort, wo auf Grund einer nicht auszuschließenden, lediglich theoretisch antizipierten Möglichkeit einer Konfrontation von Frauen mit militärisch indizierter physischer Gewalt ihre körperliche, geistige oder seelische Integrität Gefährdungen ausgesetzt sein könnten. Abgesehen von der wohl nur subjektiven Einschätzbarkeit derartiger Gefährdungen (die im übrigen vom jeweiligen gesellschaftspolitischen Standpunkt abhängt und starken Wandlungen bzw. Schwankungen unterworfen sein dürfte), gegen die Männer weder prinzipiell noch generell besser gefeit sind als Frauen, stünde ein solcher Rechtssatz auch im Widerspruch zur Rechtsordnung der Bundesrepublik Deutschland. Denn zu dieser Rechtsordnung ist ausweislich von Art. 3 Abs. 2, 3, Art. 33 Abs. 2 GG (i. V. m. mannigfaltigen einfachgesetzlichen Ausprägungen) die nicht nur grundsätzliche, sondern generelle Gleichberechtigung von Männern und Frauen als essentialia zu zählen. Davon abgesehen, müßte sich eine analoge Anwendung auch über die soeben zitierte Entstehungsgeschichte von Art. 12 a GG hinwegsetzen, an die sie gerade anknüpfen will.

Der Ausschluß einer solchen Analogie oder aber auch nur einer besonders weiten Auslegung gilt daher wegen dieser offenbaren Widersprüche auch ganz unabhängig von der rechtstheoretischen Frage, ob Ausnahmevorschriften eng auszulegen sind, gerade weil es sich um Ausnahmen handelt[156]. Diese Frage bedarf daher hier keiner weiteren Erörterung. Ob gleichwohl eine verfassungsfeste Differenzierung von Frauen und Männern im hier maßgeblichen Lebenssachbereich zulässig ist, hängt mithin davon ab, ob anderweitig Normen existieren, die dies rechtfertigen bzw. entsprechende Ausnahmen enthalten.

4. Unerheblichkeit biologischer Unterschiede

Wie eingangs bereits dargelegt (s. oben, II. 1), bedarf es wegen Art. 3 Abs. 2, 3 sowie Art. 33 Abs. 2 GG einer verfassungsfesten Legitimation, wenn der Staat Männer und Frauen unterschiedlich behandeln will.

---

[156] Vgl. zu diesem rechtsdogmatischen Problem OLG Hamm, Beschluß vom 2. Dezember 1985 – 11 W 18/85 –, JZ 1986, 441, 442; *Heribert Hirte*, Anmerkung zu OVG Hamburg, Urteil vom 19. September 1986 – OVG Bf. I 87/85 –, DÖV 1987, 604, 605; *Stern* (FN 5), S. 168; *Larenz* (FN 155), S. 343 ff.; *Friedrich Müller*, Juristische Methodik, 2. Aufl. 1976, S. 150; *Brun-Otto Bryde*, Art. 79, in: Ingo von Münch, Grundgesetz-Kommentar, Bd. 3, 2. Aufl. 1983, Rn 28.

Art. 12a Abs. 4 Satz 2 GG vermag, wie soeben festgestellt, im Hinblick auf die Verwendung von Frauen im BGS eine solche Differenzierung nicht zu rechtfertigen.

4.1 Verfassungsrechtliche Anforderungen an eine biologisch-funktional begründete Differenzierung

Es ist anerkannt, daß eine Unterscheidung zwischen Männern und Frauen dann zulässig sein kann, wenn objektive biologische und funktionale (arbeitsteilige) Unterschiede nach der Natur der jeweiligen Lebensverhältnisse zwischen den Geschlechtern den im konkreten Fall zu beurteilenden Lebenssachverhalt so entscheidend prägen, daß etwa vergleichbare Elemente daneben vollkommen zurücktreten[157].

Hierzu mag ein Blick auf § 611a Abs. 1 Satz 1 und 2 BGB einen weiteren Anhaltspunkt bieten. Danach darf ein Arbeitgeber einen Arbeitnehmer bei einer Vereinbarung oder einer Maßnahme, insbesondere bei der Begründung des Arbeitsverhältnisses, beim beruflichen Aufstieg, bei einer Weisung oder einer Kündigung, nicht wegen seines Geschlechts benachteiligen. Dadurch soll dem Gebot des Art. 3 Abs. 3 GG auch im Arbeitsvertragsrecht Geltung verschafft werden, so der Bericht des Ausschusses für Arbeit und Sozialordnung[158] zu dem am 6. November 1979 eingebrachten Gesetzentwurf der Bundesregierung[159].

Zulässig ist nach diesem Gesetz eine Differenzierung zwischen Männern und Frauen nur, wenn dies aus funktionellen oder biologischen Gründen notwendig ist. Nach § 611a Abs. 1 Satz 2 BGB ist eine unterschiedliche Behandlung wegen des Geschlechtes dann erlaubt, wenn und soweit eine Vereinbarung oder eine Maßnahme die Art der vom Arbeitnehmer auszuübenden Tätigkeit zum Gegenstand hat und ein bestimmtes Geschlecht unverzichtbare Voraussetzung für die Tätigkeit ist. Nach der Entwurfsbegründung[160] soll durch die Ausnahmeregelung ermöglicht

---

[157] Vgl. BVerfGE 3, 225, 242; 5, 9, 12; 10, 59, 74; 15, 337, 343; 21, 329, 343 f.; 31, 1, 4 f.; 37, 217, 249 f.; 43, 213, 225; 52, 369, 374; 57, 335, 342 f., 63, 181, 194; 68, 348, 390; 74, 163, 179; s. auch die Nachweise oben, Fußnote 19.

[158] Bundestags-Drucksache 8/4259, S. 8, im folgenden: Arbeits- und Sozialausschuß.

[159] Bundestags-Drucksache 8/3317.

[160] Vgl. den Bericht des Arbeits- und Sozialausschusses (FN 158), S. 8, 9, sowie die Begründung des Gesetzentwurfs (FN 159), S. 6 f.

werden, daß für eine männliche Schauspielerrolle keine Frau eingestellt zu werden braucht oder daß zum Aufsichtspersonal für weibliche Gefangene nur Frauen bestellt werden dürfen usw. Ferner soll eine unterschiedliche Behandlung wegen des Geschlechtes u.a. auch dann zulässig sein, wenn der Arbeitgeber bei der Beschäftigung von Personen eines bestimmten Geschlechts diese wegen der für sie geltenden Arbeitsschutzvorschriften anders behandeln muß. Hierzu sind Verbote zu rechnen, Frauen z.B. mit der Beförderung bestimmter Gegenstände zu beschäftigen, vgl. § 16 Abs. 2 der Arbeitszeitordnung[161].

Die Rechtsprechung insbesondere des Bundesarbeitsgerichts hat zur Frage der Gleichbehandlung bzw. Gleichberechtigung eine inzwischen reichhaltige Judikatur entwickelt[162].

Im hiesigen Zusammenhang ist dabei entscheidend, daß gesetzgeberisches Motiv u.a. war, den Inhalt von Artikel 3 Abs. 2 und 3 GG auch für das Recht der privaten Arbeitsverhältnisse zu sichern, nachdem das Bundesarbeitsgericht eine frühere Rechtsprechung relativiert hatte und eine unmittelbare Drittwirkung der Grundrechte, einschließlich der in Art. 3 Abs. 2 und 3 GG, nicht mehr vorbehaltlos bejahte[163]. Insofern dürfte § 611a Abs. 1 Satz 1 und 2 BGB auch aus der subjektiven Sicht des historischen Gesetzgebers eine Konkretisierung von Art. 3 Abs. 2, 3 GG darstellen[164].

---

[161] In der Fassung der Bekanntmachung vom 30. April 1938, RGBl. S. 447, zuletzt geändert durch Artikel 21 des Gesetzes vom 10. März 1975, BGBl. I S. 685; zu den genannten weiteren Beispielen aus der Rechtsprechung vgl. auch *Hofmann* (FN 19), S. 250ff.; *Schaub* (FN 19), § 165 I 3, 4.

[162] Vgl. Sammlung der einschlägigen Entscheidungen in AP zu Art. 3 GG sowie jüngst VGH München, Urteil vom 29. April 1987 – 7 N 86.00388 –, NJW 1988, S. 1405 f.; ArbG Bonn, Urteil vom 16. September 1987 – 4 Ca 1398/87 –, NZA 1988, S. 133 f.

[163] So die Gesetzesbegründung zu II. 1. (FN 159), S. 6 unter Hinweis u.a. auf BAG AP Nr. 2 zu § 134 BGB; zu dieser Rechtsprechung vgl. *Franz Gamillscheg*, Die Grundrechte im Arbeitsrecht, AcP, 164. Bd. (1965), S. 385, 404 ff.; *Friedrich H. Heither*, Die Rechtsprechung des Bundesarbeitsgerichts zu den Grundrechten, JÖR, NF, 33. Bd. (1984), S. 315 f.; 327 ff., 334 ff.; *Otto Rudolf Kissel*, Arbeitsrecht und Meinungsfreiheit, NZA 1988, 145; *Karl R. H. Linnenkohl / Hans-Jürgen Rauschenberg / Jutta Schüttler / Regina Schütz*, Das Recht auf „informationelle Selbstbestimmung" und die Drittwirkungsproblematik im Arbeitsrecht, BB 1988, 57 ff.

[164] Vgl. dazu und zum EG-rechtlichen Hintergrund *Arnold Knigge*, Gesetzliche Neuregelung der Gleichbehandlung von Männern und Frauen am Arbeitsplatz, BB 1980, 1272 ff.; *Walter Schmitt Glaeser*, Die Sorge des Staates um die Gleichberechtigung der Frau, DÖV 1982, 381 ff.; *Klaus Bertelsmann / Heide M. Pfarr*, Diskrimi-

4. Unerheblichkeit biologischer Unterschiede

4.2 Frauen nicht generell körperlich ungeeignet

Für die hier zu beurteilende Frage einer möglichen Differenzierung zwischen den Geschlechtern kommen nach den Vorbemerkungen und unter Berücksichtigung der Rechtsprechung offensichtlich nur Merkmale der körperlichen Disposition von Frauen im Hinblick auf den Dienst im BGS in Betracht.

Angesichts der uneingeschränkten und durchweg positiv kommentierten Verwendung von Frauen in den Polizeien der Bundesländer und seit Oktober 1987 auch im BGS sowie seit langem in den Streitkräften und Polizeien vieler ausländischer Staaten sowie schließlich auch als Pilotinnen bei der Lufthansa dürfte es kaum mehr möglich sein, die körperliche oder psychische Tauglichkeit von Frauen für Tätigkeiten im BGS grundsätzlich und generell ernsthaft in Frage zu stellen[165]. Die aus fürsorgerischen Gesichtspunkten erfolgte und wohl auch zweckmäßige Unterschutzstellung der BGS-Verbände unter den völkerrechtlichen Kombattantenstatus i.S.v. Art. 43 Protokoll I vermag als rein formale Zuweisung an dieser Bewertung nichts zu ändern.

Eine gewisse Lebenserfahrung dürfte zwar dafür sprechen, daß insgesamt auf die weibliche bzw. männliche Bevölkerung bezogen ein größerer Anteil der Männer als der Frauen den notwendig hohen körperlichen Ansprüchen einer Verwendung im BGS gewachsen ist. Dies ist dann aber eine Frage der relativen körperlichen Tauglichkeit, die im Einzelfall sowohl von den männlichen wie auch von den weiblichen Bewerbern nachzuweisen ist. Allenfalls dürfte daran zu denken sein, alle Bewerber, also männliche wie weibliche, entsprechend den Regelungen in § 8a des Wehrpflichtgesetzes[166] und in § 7 des Zivildienstgesetzes[167] im Rahmen

---

nierung von Frauen bei der Einstellung und Beförderung, DB 1984, S. 1297; *Hofmann* (FN 19), S. 249, *Manfred Zuleeg*, Gleicher Zugang von Männern und Frauen zu beruflicher Tätigkeit, RdA 1984, S. 325 ff.

[165] Vgl. oben die Nachweise in den Fußnoten 2, 3, 23; vgl. auch die Antwort zu Fragen Nr. 7 und 8 der Bundesregierung auf die Kleine Anfrage der Abgeordneten des Deutschen Bundestages, *Frau Kelly* (Die Grünen), und der Fraktion Die Grünen – Drucksache 11/1980 –, Bundestags-Drucksache 11/2088, S. 3 f.; hierbei ist besonders bemerkenswert, daß der Anteil der weiblichen *Offiziere* in den Streitkräften der USA allein 10,3 % aller dortigen Offiziere ausmacht, was im übrigen dem Anteil der Frauen in den US-Streitkräften von insgesamt 10,2 % entspricht; s.a. Kölner Stadt-Anzeiger vom 25. Mai 1988, S. 3.

[166] In der Fassung der Bekanntmachung vom 13. Juni 1986, BGBl. I S. 879.

[167] Vgl. oben, Fußnote 136.

einer ärztlichen Eingangsuntersuchung hinsichtlich ihrer körperlichen Leistungsfähigkeit auf den Grad ihrer Tauglichkeit resp. Verwendbarkeit zu untersuchen. Die Polizeidiensttauglichkeit wird ohnehin bereits auf der Grundlage von § 4 des Bundespolizeibeamtengesetzes[168] und § 5 der Bundesgrenzschutz-Laufbahnverordnung[169] nach der Polizeidienstvorschrift (PDV) 300 geprüft, in deren Neufassung entsprechende Bestimmungen für Frauen bereits aufgenommen worden sind. Soweit aus dem Ergebnis einer solchen Einstufung Differenzierungen erfolgen, z.B. Ablehnung untauglicher Bewerber, dürfte dies nach Art. 33 Abs. 2 GG unter dem Gesichtspunkt der körperlichen Eignung nicht nur zulässig, sondern aus fürsorgerechtlichen Gründen wohl auch geboten sein, vgl. § 190 i.V.m. § 79 des Bundesbeamtengesetzes[170]. Da dies grundsätzlich sowohl Frauen wie auch Männer betreffen kann und nach der bereits bemühten Lebenserfahrung auch betreffen wird[171], ist dies keine Frage einer möglichen Geschlechterdifferenzierung, sondern Folge einer allein aus sachlichen Gründen notwendigen Auswahl körperlich tauglicher Bewerber[172].

4.3 „Natur der Zweckbestimmung" und „besondere Schutzbedürftigkeit" keine tragfähigen Argumente für eine Analogie zu Art. 12a Abs. 4 Satz 2 GG

Aus der eigenen „Natur und Zweckbestimmung" der Frauen bzw. ihren „Wesenseigenheiten" und ihrer daraus resultierenden angeblich „besonderen Schutzbedürftigkeit", die neben der moralischen Dimension der Frage Motiv für die Regelung des Art. 12a Abs. 4 Satz 2 GG war[173], wird man hier nichts anderes herleiten können. Zum einen steht eine militärische Verwendung des BGS auch während eines bewaffneten

---

[168] In der Fassung vom 3. Juni 1976, BGBl. I S. 1357, geändert durch § 92 des Beamtenversorgungsgesetzes vom 24. August 1976, BGBl. I S. 2485.

[169] Vom 2. Juli 1976, BGBl. I S. 1723, zuletzt geändert durch Verordnung vom 19. Oktober 1983, BGBl. I S. 1304.

[170] Vgl. oben, Fußnote 135.

[171] Diese Lebenserfahrung wird erhärtet durch einen Hinweis auf die aus gesundheitspolitischen Gründen wohl bedenklich mäßigen Ergebnisse der Musterungsuntersuchungen der Kreiswehrersatzämter im Falle von Wehrpflichtigen.

[172] Dies gilt sowohl für Einstellungen als auch eventl. Beförderungen und Verwendungsalternativen, vgl. oben Text und Nachweise zu Fußnote 4.

[173] Siehe oben, Text zu Fußnoten 47, 51, 57 und 63; vgl. auch *Karl Meyer,* Der Rechtsschutz der Grundrechte im Wehrdienst, DÖV 1954, S. 6, 67.

4. Unerheblichkeit biologischer Unterschiede

Konflikts nicht in Rede und zum anderen sind verfassungsrechtliche Gründe für eine etwaige Ausdehnung dieses Verbotes auch auf andere Tätigkeitsbereiche außerhalb des Waffendienstes in den Streitkräften nicht ersichtlich, im Hinblick auf Art. 3 Abs. 2, 3 und Art. 33 Abs. 2 GG wohl sogar ausgeschlossen. Dies gilt auch hier ganz unabhängig von der rechtstheoretischen Frage, ob Ausnahmevorschriften eng auszulegen sind[174]. Art. 12a Abs. 4 Satz 2 GG gibt jedenfalls keinen Anlaß, das in ihm enthaltene Verbot besonders weit auszulegen. Aus der Entstehungsgeschichte ist eher das Gegenteil zu vermuten.

Die in den parlamentarischen Beratungen nur beiläufig angesprochene[175] moralische Dimension der Frage führt schließlich zum philosophisch-theologischen Hintergrund der persönlichen Perspektive des jeweiligen Beurteilers hinsichtlich einer eventl. Differenzierung von Männern und Frauen. Dabei wäre sehr aufschlußreich, sich darüber klar zu werden, auf welche der beiden biblischen Versionen der Schöpfungsgeschichte sich der Diskutant beruft. So ist sehr charakteristisch für den Unterschied zwischen *Jesus* und *Paulus*, daß *Jesus* sich auf das 1. Buch Mose (= Genesis) 1, 27 beruft: „Habt ihr nicht gelesen, daß der Schöpfer sie *von Anbeginn an* als Mann und Frau erschaffen hat?" (*Matthäus* 19, 4)[176], während *Paulus* hervorhebt, daß „der Mann nicht aus der Frau, sondern die Frau aus dem Manne" und daher auch „des Mannes wegen" geschaffen worden sei (1. Korintherbrief 11, 8f.). Der Unterschied bekundet weit mehr als nur eine verschiedene Haltung zu der Rolle als Frau[177]. Besonders bemerkenswert ist in dieser Hinsicht *Augustinus*, dem gewöhnlich zugeschrieben wird, die sog. anthropologische Frage in die Philosophie eingeführt zu haben. *Augustinus* nimmt die Stelle 1 Mose 1, 27 nicht zur Kenntnis[178].

Unter Berücksichtigung der Menschenwürdekonzeption des Grundgesetzes ist diese Stelle deswegen von besonderer Bedeutung, da nach ihr Gott nicht *den* Menschen erschaffen hat, sondern *die* Menschen, denen

---

[174] Vgl. oben, Text zu Fußnote 156.
[175] Vgl. die Nachweise in Fußnote 173 sowie Text vor Fußnote 52.
[176] Hervorhebung nur hier.
[177] Wie hier *Hannah Arendt,* Vita activa oder vom tätigen Leben, 4. Aufl. der Neuausgabe 1981, 1985, S. 318, Anmerkung 1.
[178] De Civitate Dei, Buch XII, Kapitel 21; vgl. dazu auch *Hannah Arendt,* Vom Leben des Geistes, Bd. 2, Das Wollen, 1979, S. 116.

80   II. Die verfassungsrechtlichen Grundlagen

mithin gleichrangige Pluralität von Beginn an zu eigen ist[179]. Diese Pluralität von Anfang an drückt aus, daß in ihr zwar alle, Männer wie Frauen, dasselbe sind, nämlich Menschen, aber dies auf die besondere Art und Weise, daß keiner dieser Menschen je einem anderen gleicht, der einmal gelebt hat oder lebt oder leben wird[180]. Daraus folgt aber zugleich, daß auf diesem Hintergrund jede Differenzierung sich nur entweder auf objektive biologisch-funktionale Unterschiede zwischen den Geschlechtern der oben beschriebenen Art[181] oder auf das jeweilige persönliche Vermögen oder Unvermögen eines konkreten Menschen als Individuum in bezug auf eine ganz bestimmte Anforderung berufen kann. Diesen Ansatz dürfte das Grundgesetz übernommen haben, mit der genannten Ausnahme in Art. 12a Abs. 4 Satz 2 GG[182].

---

[179] Vgl. *Arendt* (FN 177), S. 15.
[180] Vgl. ebenda.
[181] Siehe oben II. 4.1.
[182] Wegen dieser von der Verfassung unmittelbar vorgegebenen Ausnahme ist es auch keine Frage verfassungsrechtlicher Art, ob Frauen in der Bundeswehr die Möglichkeit eröffnet werden soll, freiwillig Militärdienst zu leisten; vgl. dazu oben, Fußnoten 21 und 23, sowie den Bericht über die Sitzung des Bundestagsausschusses für Jugend, Familie, Frauen und Gesundheit vom 4. Mai 1988, in: Woche im Parlament, Ausgabe Nr. 9/88 vom 11. Mai 1988, S. 20.

III. Schlußbemerkung

§ 64 BGSG vermag weder Verfassungsrecht zu derogieren, noch gerät er auf Grund seines Regelungsinhalts in diese Gefahr. Von Verfassungs wegen ist der BGS sowohl im Frieden als auch im Falle eines inneren Notstandes sowie im Verteidigungsfall ausschließlich Polizeitruppe mit allein polizeispezifischen Aufgaben und polizeispezifischen Rechtsgrundlagen, § 3 BGSG i.V.m. Art. 87 Abs.1 Satz 2, Art. 91, Art.115f Abs. 1 Nr. 1 GG.

Aus dem zwar denkbaren, aber wohl nicht praktischen Fall, daß jeweils eine Einheit der Bundeswehr (im Rahmen ihres Verteidigungsauftrages, Art. 87a Abs. 1 Satz 1 GG) und eine Einheit des BGS (im Rahmen ihrer polizeilichen Aufgabe der Aufrechterhaltung von öffentlicher Sicherheit und Ordnung bzw. zur Abwehr einer drohenden Gefahr für den Bestand oder die freiheitlich demokratische Grundordnung des Bundes oder eines Landes, Art. 91a Abs. 1, Art. 115f Abs. 1 Nr. 1 GG) aus der Sicht eines unbeteiligten Dritten (bzw. eines feindlichen Kombattanten) nebeneinander im Einsatz liegen sollten, die eine mit Frauen, die andere ohne, ergibt sich nichts anderes. Begründungspflichtig ist aus grundrechtlicher Sicht nicht der Einsatz von Frauen im BGS, sondern allein die Abwesenheit von Frauen in den Streitkräften. Denn nur im letzteren Fall werden Handlungs- und Berufsfreiheit von Frauen sowie ihnen gegenüber das Gleichbehandlungs- bzw. Gleichberechtigungsgebot beeinträchtigt. Diese Grundrechtsbeeinträchtigung von Frauen wird im Falle des Verbots ihres Waffeneinsatzes in den Streitkräften von der Verfassung selbst gefordert und damit legitimiert. Für eine Ausdehnung dieses Verbots auch auf den Waffendienst im BGS enthält die Verfassung keine Grundlage.

Solange sich daher die Einsatzplanung des BGS für den Verteidigungsfall an den polizeilichen Auftrag des BGS hält und die grundgesetzlich vorgegebene Aufgabenzuweisung der militärischen Landesverteidigung allein an die Bundeswehr der letzteren überläßt (woran nicht zu zweifeln ist), bedarf diese Einsatzplanung wegen der Unterschutzstellung der BGS-Verbände unter den Kombattantenstatus keiner Revision.

III. Schlußbemerkung

Der Schutz der 4. Genfer Konvention kommt den nach nationalem Verfassungsrecht wie auch einfachem Recht auch im Verteidigungsfall unzweifelhaft zivilen Polizeibeamten uneingeschränkt zu. Dies gilt auch für die BGS-Beamten, solange sie nicht den Schutz des Kombattantenstatus genießen. Ohne eine solche Unterschutzstellung ist allerdings leicht abzusehen, daß im Kriegsfalle feindliche Kombattanten ihre Schwierigkeiten haben werden, die nach nationalem Recht erforderliche diffizile Unterscheidung zwischen Bundeswehr und BGS mit ihren je spezifischen Aufgaben dann nachzuvollziehen, wenn beide ihnen in konkreten Situationen gegenübertreten, in denen rein äußerlich Verteidigungsauftrag und Polizeiauftrag im Handeln der Akteure nicht mehr voneinander zu unterscheiden sind[183].

Daraus sind zwei Konsequenzen zu ziehen: Die erste hat § 64 BGSG vorweggenommen, indem durch diese Vorschrift den dort genannten und offensichtlich besonders gefährdeten Teilen des BGS der völkerrechtlich orientierte Kombattantenstatus zuerkannt wird, wobei hier die Frage der Notifikation nach Art. 43 Abs. 3 Protokoll I dahingestellt bleiben kann[184]. Dadurch wird aus gebotenen fürsorgerechtlichen Gründen im Konfliktfall verhindert, daß BGS-Beamte als vermeintliche Freischärler von feindlichen Kombattanten bestraft werden.

Die zweite Konsequenz dürfte die sein, daß der BGS auf Grund seiner für militärische Aktionen wahrscheinlich (im Vergleich zu den sog. verbundenen Waffen der Bundeswehr) inadäquaten Ausrüstung tunlichst derartige Verwicklungen vermeiden muß. Als Polizeitruppe ist der BGS gerade im Konfliktfall von großer Bedeutung für die Aufrechterhaltung der öffentlichen Sicherheit und Ordnung, weswegen sein Einsatz nach der insoweit deutlichen Formulierung des Art. 115f Abs. 1 GG gerade im

---

[183] Aus dieser Vorstellung mag *Herzog* (FN 147) möglicherweise seine Befürchtung herleiten; diese Äußerung ist jedoch insbesondere unter Berücksichtigung des damals noch geltenden § 2b BGSG a. F. und der dazu erlassenen Dienstanweisung (s. oben, FN 8) zurückhaltend zu bewerten; auch die Bundesregierung hat konstatiert, daß die damalige Rechtslage zu Mißverständnissen Anlaß gegeben hat, vgl. oben, Text und Nachweis zu Fußnote 131; daß die Verwendung bestimmter Begriffe und Formen keinen Rückschluß auf einen etwaigen militärischen Charakter einer polizeilichen Organisation wie BGS zuläßt, sei nur am Rande erwähnt; vgl. dazu die Antwort des Parlamentarischen Staatssekretärs Dr. *Waffenschmidt* vom 6. Mai 1988 auf die Frage des Abgeordneten *Hiller* (Lübeck) (SPD), Bundestags-Drucksache 11/2305, S. 4f. (Frage Nr. 8).

[184] Vgl. oben, Fußnote 117.

III. Schlußbemerkung

Hinblick auf seinen Aufgabenzweck dem Erforderlichkeitsgebot unterliegt[185]. Davon geht zu Recht der einschlägige Bericht des Innenausschusses vom 16. März 1965 aus (zu § 2b BGSG a.F.; s.o. II. 3.4.2b), der als den wesentlichen Zeitraum für die Geltung und den Schutz des Kombattantenstatus die Zeit beschreibt, die über den „rechtzeitigen" Rückzug des BGS in das Landesinnere hinausgeht, gerade weil es „nicht immer möglich sein (wird), den Bundesgrenzschutz rechtzeitig (vor Beginn eines bewaffneten Konflikts) zurückzuziehen".

Die Chance einer möglichst effektiven Aufgabenerfüllung durch den BGS in einer Situation, in der das Vorhandensein angemessener Polizeikräfte unverzichtbar ist, sollte durch Aufbürdung militärischer Nebenaufgaben – wovon derzeit keine Rede sein kann – nicht gefährdet werden[186]. Es ist daher auch nicht zu erkennen, warum nicht auch im BGS Frauen mit ihren männlichen Kollegen zusammen einen verdienstvollen Beitrag zur Erfüllung der sinnvollen und notwendigen Aufgaben des BGS zu leisten vermögen.

---

[185] Wie hier *Stern* (FN 22), S. 1415; *Herzog* (FN 94), Rn 12; *K. Ipsen* (FN 121), Rn 52 ff.
[186] Ebenso *Troschke* (FN 8), Sp. 910.

Literaturverzeichnis

(Im Literaturverzeichnis nicht aufgenommen sind: Gerichtsentscheidungen, Drucksachen und Protokolle des Deutschen Bundestages und des Bundesrates einschließlich der Ausschüsse, auch soweit sie einzelne Stellungnahmen von Abgeordneten des Deutschen Bundestages bzw. von Ministern oder Parlamentarischen Staatssekretären enthalten sowie Berichte aus Tageszeitungen)

Arendt, Hannah: Vita activa oder vom tätigen Leben, 4. Aufl. der Neuausgabe 1981, 1985

— Vom Leben des Geistes, Bd. 2, Das Wollen, 1979

Augustinus: De Civitate Dei, 20 Bücher, 412 - 426; benutzt wurde die von Wilhelm Thimme übertragene sog. vollständige Ausgabe in 2 Bde., 1955, Neudruck 1978

Becker, Hans Joachim: Aus der neueren beamtenrechtlichen Rechtsprechung des Bundesverwaltungsgerichts, RiA 1983, S. 221

Berber, Friedrich: Lehrbuch des Völkerrechts, Bd. 2, 2. Aufl. 1969

— Die völkerrechtliche Stellung der Polizei in der Bundesrepublik Deutschland, Gutachten, hrsg. vom Hauptvorstand der Gewerkschaft Öffentliche Dienste, Transport und Verkehr, 1963

Berg, Hans-Joachim: Zum grundgesetzlichen Verbot eines uneingeschränkten Dienstes von Frauen in den Streitkräften. Überlegungen zur Diskussion um den Art. 12a Abs. 4 Satz 2 GG, NZWehrR 1979, 81

Bericht N.N.: Bericht über die Hessischen Erfahrungen mit Frauen bei der Schutzpolizei, VerwR 1986, 436

Bertelsmann, Klaus / *Pfarr*, Heide M.: Diskriminierung von Frauen bei der Einstellung und Beförderung, DB 1984, 1297

Bibel: Benutzt wurde die sog. Einheitsübersetzung der Heiligen Schrift, Die Bibel, Gesamtausgabe, Psalmen und Neues Testament, hrsg. im Auftrag der Bischöfe Deutschlands, Österreichs, der Schweiz, des Bischofs von Luxemburg, des Bischofs von Lüttich, des Bischofs von Bozen-Brixen; für die Psalmen und das Neue Testament auch im Auftrage des Rates der Evangelischen Kirche in Deutschland und der Deutschen Bibelgesellschaft (Evangelisches Bibelwerk), 1980

Bothe, Michael / *Ipsen*, Knut / *Partsch*, Karl Josef: Die Genfer Konferenz über humanitäres Völkerrecht, Zeitschrift für ausländisches öffentliches Recht und Völkerrecht, Bd. 38 (1978), S. 1

Brunn, Bernd / *Fritz*, Roland: Kriegsdienstverweigerung und/oder Sanitätsdienst – wird das Grundrecht aus Art. 4 III GG ausgehöhlt?, NVwZ 1986, 722

Bryde, Brun-Otto: Art. 79, in: Ingo von Münch, Grundgesetz-Kommentar, Bd. 3, 2. Aufl. 1983

De Zayas, Alfred M.: Art. „Combatants", in: Max Planck Institute for Comparative Public Law and International Law (Hrsg.), Encyclopedia of Public International Law, Amsterdam, New York, Oxford, 1982

Digesten: Benutzt wurde die von Theodor Mommsen / Paul Krueger besorgte Ausgabe in: Corpus Iuris Civilis, 11. Aufl., Bd. 1, 1908

Drews, Bill / *Wacke*, Gerhard / *Vogel*, Klaus / *Martens*, Wolfgang: Gefahrenabwehr, 9. Aufl. 1985

Dürig, Günter: Art. „Gleichheit (II. Gleichheit als rechtliches Problem)", in: Görres-Gesellschaft (Hrsg.), Staatslexikon, 7. Aufl., Bd. 2, 1986, Sp. 1068 ff.

Edelmann, H. Günter: Freiwilliger Waffendienst für Frauen?, ZRP 1988, S. 144

Einwag, Alfred / *Schoen*, Gerd-Dieter: Bundesgrenzschutzgesetz, Kommentar, 2. Aufl. 1981, Loseblatt, Stand 1988

Ernst, Wolfgang: Aufgaben und Verwendungsmöglichkeiten des Bundesgrenzschutzes nach dem Grundgesetz im Spannungsfeld Bund-Länder unter besonderer Berücksichtigung des Bundesgrenzschutzgesetzes vom 18. 8. 1972, Diss. Göttingen 1980

Fischer, Gerhard: § 64, in: ders. / Fredi Hitz / Bernd Walter, Bundesgrenzschutzgesetz – BGSG – Zwangsanwendung nach Bundesrecht – VwVG, UZwG , 1987

Frank, Götz: Art. „Schutz des Völkerfriedens/Äußerer Notstand", in: (sog. Alternativ-)Kommentar zum Grundgesetz für die Bundesrepublik Deutschland, Bd. 2, 1984, Teil F

Gamillscheg, Franz: Die Grundrechte im Arbeitsrecht, AcP, 164. Bd. (1965), S. 385

Grimm, Christian: Freiwilliger Waffendienst für Frauen?, ZRP 1987, 394

Gubelt, Manfred: Art. 12 a, in: Ingo von Münch (Hrsg.), Grundgesetz-Kommentar, Bd. 1, 3. Aufl. 1985

Hamann, Andreas / *Hamann*, Andreas jr. / *Lenz*, Helmut: Das Grundgesetz für die Bundesrepublik Deutschland vom 23. Mai 1949, 3. Aufl. 1970

Hanau, Peter: Die umgekehrte Geschlechtsdiskriminierung im Arbeitsleben, in: ders. / Gerhard Müller / Herbert Wiedemann / Otfried Wlotzke (Hrsg.), Festschrift für Wilhelm Herschel zum 85. Geburtstag, 1982, S. 191

Hauptausschuß: Verhandlungen des Hauptausschusses des Parlamentarischen Rates (1. - 59. Sitzung, 16. September 1948 - 9. Mai 1949), Bonn 1948/49, o. J. (1949)

Heinekamp, Karl-Andreas: Art. 87 a, in: Ingo von Münch (Hrsg.), Grundgesetz-Kommentar, Bd. 3, 2. Aufl. 1983

Heither, Friedrich H.: Die Rechtsprechung des Bundesarbeitsgerichts zu den Grundrechten, JöR, NF, 33. Bd. (1984), S. 315

Herzog, Roman: Art. 4, in: Theodor Maunz / Günter Dürig, u.a., Grundgesetz Kommentar (Maunz / Dürig), Loseblatt, Stand 1971

— Art. 115 f, ebenda, Stand 1970

Hesse, Konrad: Grundzüge des Verfassungsrechts der Bundesrepublik Deutschland, 15. Aufl. 1985

Hirte, Heribert: Anmerkung zu OVG Hamburg, Urteil vom 19. September 1986 – OVG Bf. I 87/85 –, DÖV 1987, 604

Hofmann, Jochen: Das Gleichberechtigungsgebot des Art. 3 II GG, JuS 1988, 249

Ipsen, Knut: in: Eberhard Menzel / Knut Ipsen, Völkerrecht, 2. Aufl. 1979

— Kombattantenstatus oder völkerrechtlicher Sonderstatus der Polizei?, BGS-Zeitschrift des Bundesgrenzschutzes, 1976, Nr. 12, S. 6

— Art. 87 a, in: Kommentar zum Bonner Grundgesetz (Bonner Kommentar – BK –), Loseblatt, Stand 1969

— Art. 115 f, in: ebenda, Stand 1970

— / *Ipsen,* Jörn: Art. 12 a, in: ebenda, Stand 1976

JÖR, N.F., Bd. 1: Entstehungsgeschichte der Artikel des Grundgesetzes, im Auftrage der Abwicklungsstelle des Parlamentarischen Rates und des Bundesministers des Innern auf Grund der Verhandlungen des Parlamentarischen Rates bearbeitet von Klaus-Berto v. Doeming / Rudolf Werner Füsslein / Werner Matz, hrsg. von Gerhard Leibholz / Hermann v. Mangoldt, 1951

Kempen, Otto-Ernst: Art. 4, in: (sog. Alternativ-)Kommentar zum Grundgesetz für die Bundesrepublik Deutschland, Bd. 1, 1984

Kewenig, Wilhelm: Die Polizei und die Genfer Rotkreuz-Abkommen, DRK-Schriftenreihe 47, Abt. Recht, 1969, Heft 7, S. 31

Kissel, Otto Rudolf: Arbeitsrecht und Meinungsfreiheit, NZA 1988, 145

Knackstedt, Heinz: Staatsorgane als Kombattanten, Revue de droit pénal militaire et de droit de la guerre, 1965, S. 409

Knigge, Arnold: Gesetzliche Neuregelung der Gleichbehandlung von Männern und Frauen am Arbeitsplatz, BB 1980, 1272

Kommission „Grenzschutzdienstpflicht und Kombattantenstatus": Bericht der vom Bundesminister des Innern eingesetzten Kommission „Grenzschutzdienstpflicht und Kombattantenstatus", BGS-Zeitschrift des Bundesgrenzschutzes, 1975, Nr. 2, S. 16

Larenz, Karl: Methodenlehre der Rechtswissenschaft, 4. Aufl. 1979

Laun, Rudolf: Haager Landkriegsordnung, 1948

Lecheler, Hans: Die neuere Rechtsprechung zum Recht des öffentlichen Dienstes, JZ 1984, S. 76

Linnenkohl, Karl R. H. / *Rauschenberg*, Hans-Jürgen / *Schüttler*, Jutta / *Schütz*, Regina: Das Recht auf „informationelle Selbstbestimmung" und die Drittwirkungsproblematik im Arbeitsrecht, BB 1988, S. 57

Lohse, E. / *Contag*, E.: Das 17. Gesetz zur Ergänzung des Grundgesetzes, Beilage zum Bundesanzeiger, Ausgabe Nr. 228 vom 6. Dezember 1968

Matthey, Ferdinand: Art. 33, in: Ingo von Münch (Hrsg.), Grundgesetz-Kommentar, Bd. 2, 2. Aufl. 1983

Maunz, Theodor: Art. 33, in: ders. / Günter Dürig, u.a., Grundgesetz-Kommentar (Maunz / Dürig), Loseblatt, Stand 1966

Menzel, Eberhard: Art. 26, in: Kommentar zum Bonner Grundgesetz (Bonner Kommentar), Loseblatt, o.J.

— Art. 115a, ebenda, Stand 1968

Merten, Detlef: Art. „Polizei, Polizeirecht", in: Roman Herzog / Hermann Kunst / Klaus Schlaich / Wilhelm Schneemelcher, Evangelisches Staatslexikon, 3. Aufl. 1987, Bd. II, Sp. 2602

Meyer, Karl: Der Rechtsschutz der Grundrechte im Wehrdienst, DÖV 1954, S. 6

Meyer-Truelsen, Hartmut: Auswirkungen des Geburtenrückgangs auf die Sicherstellung des personellen Kräftebedarfs unserer Streitkräfte unter besonderer Berücksichtigung der Verhältnisse in Nordrhein-Westfalen, in: Bundeswehrverwaltung 1986, S. 260

Müller, Friedrich: Juristische Methodik, 2. Aufl. 1976

von Münch, Ingo: Gutachten über die Verfassungsmäßigkeit des Dienstes von Frauen in der Bundeswehr, Anhang zum Beschluß des 38. ord. Bundesparteitages der F.D.P. in Kiel vom 5./6. September 1987 „Frauen in der Bundeswehr"

Ohrband, Werner: Der Grenzschutz in Deutschland seit dem Deutschen Reich von 1871 unter besonderer Berücksichtigung des Bundesgrenzschutzes, Diss. Speyer 1982

Parlamentarischer Rat: Stenographischer Berichte über die Plenarsitzungen (1. - 12. Sitzung, 1.9.1948 - 23.5.1949), Bonn 1948/49, o.J. (1949), Nachdruck 1969

Pioch, Hans-Hugo: Gesetz über den unmittelbaren Zwang bei Ausübung öffentlicher Gewalt durch Vollzugsbeamte des Bundes (UZwG), 1963

Riegel, Reinhard: Bundespolizeirecht, 1985

Roemer, Walter: Die neue Wehrverfassung, JZ 1956, S. 194

Schaub, Günter: Arbeitsrecht-Handbuch, 6. Aufl. 1987

Schmidt-Aßmann, Eberhard: Leistungsgrundsatz des Art. 33 II GG und soziale Gesichtspunkte bei der Regelung des Zugangs zum Beamtenverhältnis, NJW 1980, S. 16

Schminck, Stefan: Die völkerrechtliche und staatsrechtliche Problematik des Kombattantenstatus polizeilicher Formationen, Diss. Würzburg 1967

Schmitt Glaeser, Walter: Die Sorge des Staates um die Gleichberechtigung der Frau, DÖV 1982, S. 301

Scholz, Rupert: Art. 12 a (Zweitbearbeitung), in: Theodor Maunz / Günter Dürig, u. a., Grundgesetz Kommentar (Maunz / Dürig), Loseblatt, Stand 1984

Seidl-Hohenveldern, Ignaz: Völkerrecht, 5. Aufl. 1984

Starck, Christian: Art. 3 Abs. 2, in: Hermann v. Mangoldt / Friedrich Klein / Christian Starck, Das Bonner Grundgesetz (v. Mangoldt / Klein), 3. Aufl., Bd. 1, 1985

Steinkamm, Armin A.: Art. „Kombattanten", in: Ignaz Seidl-Hohenveldern (Hrsg.), Lexikon des Völkerrechts, 1985

Stern, Klaus: Das Staatsrecht der Bundesrepublik Deutschland, Bd. 1, 2. Aufl. 1984, Bd. 2, 1980

Troschke, Jürgen: Art. „Bundesgrenzschutz", in: Görres-Gesellschaft (Hrsg.), Staatslexikon, 7. Aufl., Bd. 1, 1985, Sp. 909 ff.

Vogel, Klaus: in: Bill Drews / Gerhard Wacke / Klaus Vogel / Wolfgang Martens, Gefahrenabwehr (Drews / Wacke), 9. Aufl. 1985

Wacke, Gerhard: Art. „Polizei, Polizeirecht", in: Hermann Kunst / Roman Herzog / Wilhelm Schneemelcher (Hrsg.), Evangelisches Staatslexikon, 2. Aufl. 1975, Sp. 1984 ff.

Walter, Bernd: BGS Polizei des Bundes, 1983

Willich, Martin: BGS Historische und aktuelle Probleme der Rechtsstellung des Bundesgrenzschutzes, seiner Aufgaben und Befugnisse, 1980

Wissenschaftliche Dienste des Deutschen Bundestages: Auswahlbibliographie (1978 - 1988) zum Thema Frauen in den Streitkräften, 1988

Wolff, Hans J. / *Bachof,* Otto: Verwaltungsrecht, Bd. III, 4. Aufl. 1978

Zuleeg, Manfred: Gleicher Zugang von Männern und Frauen zu beruflicher Tätigkeit, RdA 1984, 325

Printed by Libri Plureos GmbH
in Hamburg, Germany